过日子就像玩闯关游戏

——心理师告诉你的为婚之道

卢悦 著

漓江出版社

I
o
ve

目录

LOVE

好婚姻给你第二次人生

好婚姻给你第二次人生

第一章

我们都知道，童话往往在这样的一句话之后结束：婚礼之后，他们就过上了幸福的生活。然而，这个童话在我们小的时候就可能很难相信了，因为我们都知道婚姻维系的困难，但困难在什么地方，我们不知道，为什么会有那么多困难，我们也不一定知道。

其实情感是我们的第二次出生。它会经历六个生命乐章：1.寻找，2.融合，3.共生，4.依赖，5.个体化，6.连接、内化。

第一个乐章，我们是精子和卵子：寻找

我们只是细胞，出发的时候，我们是亿万个精子中的一员，而目的地只有一个。我们的目标就是找到那个唯一属于自己的卵子。这其实就是我们在青春期开始，甚至在更早的时候就开始做准备的任务。有的人可能会持续一生去寻找；有的人可能一见钟情而且会就此锁定了彼此；有的人可能会一直以为彼此就是唯一的那个人，但多年后，却发现不得不重新踏上寻找的旅程；有的人可能会在一次或者几次受伤以后就停止了寻找，成为死亡或者半死的“精子”或者孤独的“卵子”。无论如何，在这个阶段，我们要做的事情就是不断“分裂”。因为精子和卵子开始相遇的时候只是两个细胞，那么两个细胞是如何成为如此复杂的我们的？它们要做的就是不断地复杂化，不断升级创造，不断地碰撞交汇，然后两个人一生都要不断突破原来的状态向前走，不断成为更多的更新鲜的彼此，我们开始更深入地理解彼此，更深入地连接彼此，永远都在创造，永不停歇，这样我们才能不断地发展壮大，只有这样，我们才能孕育出一段生命和一段感情。

第二个乐章，我们是在妈妈的肚子里：融合

我们感觉到完全的相融，好像没有了自己，也没有了对方，我们就在一起，就像是性高潮，或者是无休止的睡眠，我们在一个秘密的角落，那里是我们的归宿和起点，无人打扰，完全属于我们的世界，你中有我，我中有你。如果你遇到过爱情，你就会有这种感觉，尤其在水乳交融的那一刻。这个阶段，我们往往会感觉到世界上最美好的一些瞬间，这些瞬间很重要，因为它会让我们有足够的勇气面对以后的挑战，它就像是药丸的糖衣，让我们可以吞咽日后的苦涩。很多人会在糖衣褪去的时候，就忙着撤离，或者认为对方就是恶魔，这样的人往往生活在幻象里，他们无法承受现实，也无法承受一点点儿的挫败，他们就像是“豌豆公主”一样，千层床垫下一个小豌豆都会让他们彻夜难眠。他们很难接触一点点灰尘，因为他们完全没有自己的免疫力，所以这样的人要么会活得非常失败，生活混乱；要么就会非常优秀，因为只有优秀可以让他们避免挫败感。但事实上，他们内在都是伤痕累累，他们和其他人的关系也是一种“自恋”的模式：不存在“你”，只存在“我”的需要，“你”是因为“我”而存在的。他们或者会因为对方无法猜测自己的心思而暴怒，要么会因为对方的缺席而内心充满怨恨，总之他们无法接受对方的一点点失误，这恰恰说明他们的脆弱性：无法忍受瑕疵，因为这些瑕疵对他们毫无免疫力的自体来说，就是一场灾难。有的人的感情只能在这个阶段止步，因为如果没有好的环境让他们可以慢慢从“子宫”的“温室”出来，进行“野化”训练，那么他们将一生都保持一种孤独的状态，而无法和外界有真实充沛的能量交换，以致进入到一种日渐衰竭的状态中去。

很多人会跨越这个阶段，而走到下一个乐章，但这并不意味着这个阶段我们可以安全度过，因为我们会带着这个阶段受到的伤害进入下个乐章，这个阶段的小伤口可能会发展成致命性的，所以在感情的这个阶段我们往往是以试探彼此为要务。但“试探”如果演变成“试炼”，这就成了一种虐待和恶性循环。当我们为了安全，对他人

设置了如此高的标准，以至于几乎无人可以达成，那么这就造成一种恶性循环，比如故意和其他男人言语暧昧，看自己的爱人会不会生气；或者用最恶毒的话咒骂对方，看对方会不会接受自己……很少有人能经受这些考验，于是感情便就此搁浅。失恋者于是会更提高门槛，因为每次失望的无法承受都会让我们更远离这个世界，而沉浸在自己的世界。很多非常优秀的女性和男性都可能停滞在这个阶段，他们都感觉到“高处不胜寒”，他们如此渴望温暖，也非常渴望托付于人，可是在爱的世界，人们奉行的规则应是面对而不是回避。所以我们要警醒的一点是，我们不能用“融合期”的标准来衡量后面的时段，融合期的美好，很多都建立在彼此的不了解和自己的幻象之上，而此后真实的美好，也许与想象是不同的，但别有滋味，不如敞开心胸去迎接。

第三个乐章，我们在妈妈怀里的感觉：共生

这个时候，我们感觉到了这个世界上有了“我”，而“你”是谁呢？这个时候我们还没有这个意识，我们只知道我的存在，而那个抱着我的人也是我的一部分。在情感中，我们也会重复这样的经验：我们希望爱人能不用说就知道我想要什么，甚至我还没想，对方就已经知道。在我还没感觉到饿的时候，他已经把面包放在我手上；在我刚刚意识到自己在想她的时候，她的电话就打了过来……但这种希望找个肚里蛔虫做恋人的想法，显然只能带来失望。

这个时期，我们开始有了焦虑，我们发现伴侣开始无法完全满足我们了，我们也发现必须要用声音，甚至哭闹来求得对方的关注。但这种关系的实质就是“你必须为我的需要而存在”，而融合期的孩子可能没有意识到对方的存在，现在我们开始发现对方和自己的想象有些不一样了，此时因为我们的感情还比较浓烈，所以还能承受因此产生的负担，但如果长期如此，可能就会造成一种日渐倾斜的不平衡。很多女人都会想当然地认为一旦有了婚姻你就必须要对我好，这是一种责任，当责任

离开情感的时候，责任就是一种刑罚。很多男人也是天然地认为自己的妻子要为自己的需要而存在——你就好好待在家里相夫教子就可以了——这样的话在很多婚姻里都常见。这些话之所以伤害人，是因为他们都在这个阶段：“在妈妈怀里”只看到妈妈的乳房，看不到妈妈作为一个整体的存在，换言之，他们的世界是没有“整体”的人存在的，只存在一些人的“片段”，他们更注重自己的需要，或者说，他们的关系就是一种单向的关系，一种喂养的关系，你喂我，至于你到底是谁，你的需要和你的感受，我不真的了解，也没有动力去理解。停留在这个阶段的人很难区分自己和他人，所以他们要么成为孩子，要么就成为妈妈，虽然在正常的二人关系中这两个角色可以互换，但他们长期以来都只会扮演其中一个角色，这就会让他们一直貌似和别人亲密无间地生活，但实际上，他们的爱是没有客体的。

我们如何走出这个阶段，需要更多的沟通表达，要离开妈妈的怀抱，观察到整个的“妈妈”。坚持不断的沟通可以打破他们内在世界的平衡，让他们“痛苦”地发现，原来你是你，我是我。

第四个乐章，我们来到了妈妈面前：依赖

这个时候，我们开始意识到对方是一个与我们不同的人，这往往是一个痛苦的发现，因为我们意识到，这个世界还有不由我们控制的存在，我们不是这个世界的主宰，我们依靠他人活着，而依赖就由此产生。如果我们可以度过这个挫折的时期，就会骄傲地发现自己能逐渐信赖自己，也因此信赖他人。如果我们没有很好地度过这个时期，我们就会产生对自己和对这个世界的信任危机，我们要么会过于自我，一切依靠自己，要么就过于依赖环境，无法面对自己。

在成人的亲密关系中，我们往往在这个阶段出现问题，我们会忽然发现对方是独立于自己的存在，他或她有自己的意志，我们的交集再大也无法覆盖住彼此。这

个时候，我们开始有了焦虑、恐惧、伤心和无助，人也因此变得软弱。在这段乐章里，爱的重心落在我们是否可以在彼此面前绽放，一个自豪的妈妈可以成就一个同样自信的孩子。此时的依赖可以发展为安全依恋，也就是说我们可以通过关系让现实层面的依赖演变为心理层面的依恋，我们就不会用控制的方式抓住对方，而可以用成就彼此的方式分享和创造更多的爱。

第五个乐章，我们背对妈妈：个体化

在这个阶段，我们将转身，妈妈在我们的背后护佑着我们，我们眼前将发现一个全新的世界，不是由妈妈组成的世界，而是属于“我”的世界。我将去探索，组成“我”的人际关系圈，组成“我”的事业王国，形成“我”的家庭，为“我”的世界赋予“我”的意义。当我们在第三个乐章的时候，关键词是“你”，“你”是不是爱我？“你”是不是足够关心我？“你”有没有能力保护我？甚至，“我”一点儿也不重要，重要的是“你”，因为“你”就是我的世界的一切。所以，很多人的心理状态如果停留在这个时期，那么长大后，在亲密关系中就永远要求别人承担义务，而非施与受的结合。

如果一个人生活安乐，他们成年以后会发现，外面的世界到处都是危险，他们会在进入关系前害怕受伤，在关系中害怕受伤，在想要离婚的时候坚持认为自己是毫无希望的，因为他们是巢穴里的孩子，所以他们会处处寻求确定感，有时他们甚至宁可坚持认为自己的未来一定是一个无可挽回的悲剧，他们会经常问：我们到底要不要过下去？如果得到确定的回答，就会继续努力，如果没有，就会放弃。这就好像一个婴儿要妈妈保证他永远都不会在学走路的时候摔倒一样。我们到底是骄傲地好奇地去发现更广阔的世界还是苦恼地奔回妈妈的怀抱，决定了我们人生的走向。

比如说，私奔这个词，到底属于巢穴内还是属于大森林，我认为它是属于“窝边草”的。首先如果你私奔了，起码说明你想要探索家以外的世界，可方式是私奔，这其实更像一个孩子逃学，缺乏面对的勇气。更重要的是，这样的人会认为自己的伴侣想要操控自己，而一个孩子最大的反抗就是离家出走了，如果是一个成人就会选择告别。这个阶段我们会更多将注意力集中于自身。我们将会有内疚会有罪恶感，也会有挣扎的恐惧，我们说，这个阶段的主题叫作分离，分离的不是现实层面的妻子、妈妈或者爸爸、丈夫，而是在内心层面告别那个一直靠做小孩来获益的自己。

亲密关系到此时，就会更多发现男人开始把重心放在事业上或者放在自己的人际关系上，女人则放在孩子或者闺蜜身上。

这里有一个平衡的问题，一切都要“中庸”，恰到好处。否则我们只是重复着过去的模式：靠反叛来找到自己。事实上，真正的分离个体化是指我们的分离是带着对过去的原生家庭的怀念和怅惘，同时又带着对广阔天地的期待和兴奋，上路。很多人的分离是面朝家的分离——其实是没有分离，比如外遇出轨这样的问题就是情感中的男女试图假装“上课”其实是逃学，但还要继续在“学校”里待着，这种“占便宜”和“无风险选择”是一种发展自己的尝试，可是还是没有发展到可以自如地展现自己，而不得不“假装”生活，其实质还是无法解决为自己活和为别人而活的矛盾冲突。很多婚姻貌似都要在“为了孩子不得不……”的模式下苟且下去，其根本在于不能承担分离的痛苦，只是他们都将这个痛苦放在了孩子身上。这个阶段如果我们的个体化没有完成得足够好，那么我们就要将“为别人而活”的这种模式传承给孩子，这往往是因为我们在上一个乐章中的“依恋”方面没有解决好，无论是不能离开别人的依恋还是感觉别人不能离开自己的依恋，都是由于无法面对分离，而事实上，我们一生中都在完成“分离”这个课题，我们一生都在相见欢和离别苦之中，能否保持内在的宁静和接纳，将决定我们人生的幸福感。很多婚姻都在这个乐章告一段落，因为当他们发现彼此不适合的时候，往往无力解决，因为他们缺乏解决冲突的能力，无法处理与他人相融和与自己整合的平衡；但有时婚姻到了已经无法修补的时候，他们也无法离开彼此，因为他们的内在都是害怕分离的孩子，他们不相信外面的世界有希望，他们会认定，一旦离开这个已经破碎的巢穴，他们就会被外面的野兽吞噬。于是他们就将自己在精神上麻醉，浑浑噩噩混过一生。这就好像“玻璃瓶里养乌龟”，乌龟个子已经比玻璃瓶大了，我们有两个选择，一个是选择爬出玻璃瓶，要么就是不断“削足适履”。这个阶段，我们在情感中就是要处理两个主题：到底为自己而活与为他人而活两者如何平衡——为了别人而毁掉自己，为自己毁掉别人，还是有第三个选择，成就自己的同时也成就别人？

第六个乐章，我们将渐渐离开妈妈，在妈妈的凝望中走向这个世界：内化

分离之所以苦，是因为一旦我们离开了母体，我们将失去依恋的关系，那时对一个婴儿来说是致命的——意味着在身体层面和心理层面的死亡，而此时我们的世界只有妈妈可以依恋，所以对他们来说，是一种无可置疑的存在的危机。

为什么很多人无法离开巢穴？因为他们害怕一旦自己飞出去觅食，就会永远失去了妈妈，而这是他仅存的资源。这就构成了一个恶性循环，越是把外界想象得可怕就越无法外出，越无法外出觅食就越发地要抓紧妈妈。而一个人是否长大就看他是否能将妈妈的爱装到心里。

一开始一个婴儿是必须要妈妈时刻不离自己的，这样才能安全，然后妈妈可以离开他一段距离，接着，妈妈在他身后让他探索外界的时候，他也不怕了；随着他的成长，妈妈在另外一个房间，他也能感觉到安全。现在这个小孩长大到可以离开家找小伙伴玩，因为他知道天黑了就可以回到家，最后，他可以去另一个城市，可能会一年都见不到妈妈，但在他心里，妈妈的影像会一直存在，一旦遇到危机，或者心里难过的时候，即使不给妈妈打电话，但也会有类似妈妈的感觉来自我安抚。

真正的安全感来自我们的自我安抚，而这种安抚来自早年父母的安抚质量，如果早年的父母安抚质量很高，我们就会有一种消化和学习的过程。就好像一个小姑娘会对着玩具熊说："宝宝，摔倒了，妈妈疼你。"这就是一种学习的过程。在日后她遇到了痛苦的时候，就会有一种自我安抚能力，她会有一种骄傲的自信，相信自己可以扛过这个关卡。事实上一个人人格的强悍柔韧和弹性与灵活性，乃至创造性都来源于母亲的安抚和父亲的指引。母亲的安抚让一个人可以在任何困难面前都有一种毫无理由的安全感，而父亲的指引可以给一个孩子自信，使其带着一种从容不迫的态度处理各种复杂和挑战。当我们可以拥有内在的父母的时候，我们就可以远行，建立属于自己的世界了。

而我们进入到感情中，其中一个重要的目的就是成为彼此的再生父母，以修补在第一段原生家庭的残缺，我们会因为共鸣而在一起，因为我们需要理解，我们也会因为互补在一起，因为我们需要支持。

但早晚有一天我们发现，你是你我是我。虽然你那么外向，但不因为内向的我和你在一起，我就外向了；你是那么的热情，但不因为我和你在一起，我就热情了；你是那么强悍，但不因为我和你在一起，我就强悍了。或者不因为我们那么相似，我们就可以天然地理解彼此了。更重要的是，我们是否可以将我们所需要的彼此的那个部分消化吸收为自己的部分。就像夫妻相一样，我们内在也在彼此成为对方，也在彼此成就对方，最终我们会发现我们也拥有了对方的品质，而我们的人格因为相遇而成长了，我们最终"分裂"出更新的、更复杂和更平衡、更自由、更强大、更柔和的自己。

这就是我们相遇的意义。

事实上，我们一生都在重复着这六个乐章的旋律，当然我们会在人生不同的阶段对这些旋律做不同的更改，但事实上，我们的基调从来没有改变。只是我们重复这个旋律的重点会不同，每个人可能都会在某个或者某几个乐章长期滞留，就好像我们玩一个闯关游戏，总会在某个阶段倒下，然后再一次次地冲击那个关卡。

LOVE

婚姻的融合期：
结婚第一年至十八个月

第二章

一、爱你就像爱自己

其实在“融合期”之前，还有一个“追求期”，追求期的主要诉求是占有，那个时期经常有的情绪是“嫉妒”，并伴随着强烈的焦虑和紧张感。因为不确定对方的心意，而彼此试探、揣测，焦虑丛生；同时，还得担心可能出现的竞争对手，恐惧伴随。

融合期是指一对情侣已经确定了关系，进入了情感稳定的时期。这一时期也可称之为“蜜月期”，两个人的情感浓度达到了峰值。这一时期，两个人的“床上运动”会非常频繁，这也是从身体层面到精神层面高度“融合”的时期。

所以，这个阶段的主题词是“融合”。

约七百年前，管道升写给丈夫赵孟頫一首著名的《我侬词》，说的就是这种销魂状态：

“你侬我侬，忒煞情多。

情多处，热如火。

把一块泥，捻一个你，
塑一个我，将咱两个，
一齐打破，用水调和，
再捻一个你，再塑一个我。
我泥中有你，你泥中有我，
与你生同一个衾，
死同一个椁。”

1. 融合期的特征

融合期的第一个特征：意味着毫无边界，达到一种忘我、无我的状态

融合期的爱有何特点呢？或许正如王力宏歌中所唱：“爱你就像爱自己。”好像两个人真的分不出你和我。也许以前我非常痛恨交响乐，可是现在和你听交响乐，我会有一种全新的体验，好像忽然之间，我也成了狂热的粉丝；也许以前我从不留意宠物，现在我忽然发现，和你一样，我对小狗爱意奔涌。在这样的状态之下，人的爱好或者习惯甚至会由此被开发出来，并持续一生。我的一个同学就是极好的例证，以前他口味很清淡，不料爱上一个湘妹子，一场恋爱下来，他的舌头经过了地狱般地锤炼，现在他已经成为无辣不欢的“重口味主义者”了。

融合期的第二个特征：意味着 1+1>2——你与我捏合在一起，有一个“新我”从此诞生

只要在你身边，做什么都是充满意义的，都是一种高峰体验，这使得相爱的两人心中油然而生自我改善的感觉，每个人的个性中都融入了对方身上令人欣赏的优点，这是一种全新“自我”的塑造。

《圣经》中有对这种“新我”的经典描述——女人是男人的一根肋骨。上帝最初只造了男人，又掰了男人的一根肋骨造了个女人和男人相伴，此后两人之间就产生了巨大的相互吸引的力量，只有两个人在一起，才是真正的完整。有趣的是，如果这个神话反过来讲也很有道理：男人是女人身体的一根肋骨，男人终其一生都想要找到一个最适合他的“容器”。

总之，在遇到一个人之前，你会觉得“你虽然是你，但你却又不完全是你”。这句话太过疯狂，等到你有了恋爱经验，你会觉得这句话简直可算至理名言。

所以这个时期的爱主要是一种“拼图之爱”。失恋之所以痛苦，就在于“有你”与“无你”的巨大差距。

典型的“融合期”爱情是：在恋爱的初期，你就是我，我就是你，你与我组成了新的彼此。可是当我们进行下去的时候，“排异反应”开始出现了，因为你终究不是我，我终究不是你，我们还有很多不那么和谐的部分，之前爱太刺眼，所以都看不到矛盾，可是一旦爱的光芒没那么强烈，我们就发现了，原来我们还有这么多事没考虑，这时较早冷静的一方就会向后退。

然而说得狠一些，这是个单行线的爱，只许进不能退。想想也是，如果你的肋骨想来就来，想去就去，那你答应吗？在恋爱初期，我们会生发出一种感想：“我怎么能不爱你？”而在这种爱的末期也会生发出另一种声音：“你怎么能不爱我？”“你凭什么不爱我？”“你必须爱我！”

我们从来不会怀疑自己的肋骨会有想挪动地方的想法，同理，融合期的爱人也是这样的想法。

融合也好，共生也好，这种状态的甜蜜与痛苦都是极致的，那就是我们不把对方当人看，或者不把自己当人看的快乐与痛苦。

融合期的第三个特征：魔法感

一方面你会觉得和他（她）在一起，你梦寐以求的人生忽然唾手可得了，好像你的幸福就在于找对人，然后就可以享用了。另一种魔法感来自你觉得对对方的“手拿把攥”的“完全了解”。

两个人就是因为这种“互补”而走在了一起。可是我们并没有因为与对方在一起，而发生自身真正的改变，这只是一种外在环境的变化而已，心理学管这种“换汤不换药”的改变叫作“一级改变”。

这种改变在很大程度上不是真正的改，而只是一种变。

就好像，一个婚前内向、自卑的人婚后骨子里依然是内向、阴郁、自卑的，在婚姻的这段融合期里，他们只是通过简单的联合而走在一起，两个人试图将对方看成是自己的一部分，并由此希望自身问题得到解决，但问题是，这是不可能的。

因为，我们无法丧失自己的独立性而成为另一个人。

也许有一天，你会发现，无论你找多少根肋骨，最终都不如你自己长出肋骨更实在。

2. 融合期的常见问题

(1) 因为两个人的心好像连在一起，也许双方都会有一种感觉：我比你更能感觉到你的难过和不舒服，所以两个人会因为争先恐后地想避免对方的痛苦而付出高昂代价。

(2) 一旦争吵发生，其冲击波会超过其他任何时期，因为这个时候是极度融合的状态，如果出现分裂，会有一种世界末日般的毁灭感；也因为双方都处于一种极度“无我”状态，双方都毫无防御，一旦伤害发生，会造成两个人“共同的痛苦”；还因为两个人正处于情感的最早阶段，没有遭遇过情感危机—修复—痊愈—复合的阶段，恋爱的两极化非常强烈——要么天堂，要么地狱，所以这个时期的争执可能是非常致命的。

(3) 如果这种“融合”不是同步的，那就会出现一种冲突。比如一个男人，他的妈妈因为失去了丈夫的关爱而把所有的关爱都放在他身上，那么对他而言，对情感的融合程度的理解，和一个从小就被父母忽视而不得不忍受孤独生活的女孩，就是完全不一样的。前者对情感温度的需要可能最多50度，而后者也许已经到了沸点。这种不一致，也许会让男人感觉到一切在重演，出于保护自我的目的而想要撤出，对那个女孩而言，则会因为害怕再次被孤立而渴望更多的亲密感。一个人要踩刹车，另一个要踩加速，一个要撤出，另一个要投入，情感也许就会由此产生断裂。

二、从迷恋之爱到依附之爱

关于爱，我们常说有三种境界："天堂"、"地狱"和"人间"。但我们需要有知情权，知道自己活在哪个境界，这样才能做出真正的选择。世界上最大的悲剧莫过于我们不知道自己还可以选择另一种生活，以及知道这个世界还有另一种生活。

什么是"天堂之爱"？就是迷恋，学名叫作"上瘾"。

1. 迷恋会有四个阶段

第一个阶段：心动

你发现自己的眼睛开始离不开一个人，这是一种情不自禁的关注。社会心理学家发现，当人类体验到强烈的愉悦情绪的时候，瞳孔会放大，同时，泪腺分泌会稍微增加，使得双眼闪闪发光，产生所谓的"闪亮的爱慕眼神"。目光交汇只是心动的一个常见情景，很多人会因为某个人说的某句话、某个姿势和某个动作，开始心动。

在一次聚会上，我有一个朋友在玩笑间拥抱了一个男生，心动了一下，接下来一个星期，她发现自己开始怀念那个怀抱，她不是没有礼节性地抱过别的男生，但她发现，唯独这个男生的怀抱让她莫名地心动，而若不是这个拥抱，她从没对这个男生有过感觉。其实，在感情世界里，我们都是一把锁，等待着被某把钥匙瞬间开启。

当然，有人可能就在这个阶段止步了。我见过不少这样的人，他（她）可以让自己在心动的那一瞬间“石化”，不让自己“滑下去”。而能够尝试“天堂之爱”的人，首先要有足够的安全感，或者有一种基本的确认，那就是当我“吃了这一顿美餐”之后，我还有好日子过。但对某些人来说，“销魂”的感觉是一种莫大的危险。或许他们的人生曾经经历过非常惨烈的破碎，因此无法再以“追求幸福”为轴心，而是退以“如何防止悲剧再次发生”为主题来组织未来人生了。有些女人会选择与自己看不起的男人结合，而拒绝自己心动，如果心动了，乃至相思了，也会强迫自己不要采取下一阶段的行为。

我有一个女性朋友，为了追求暗恋的男生，特意和他考到了一个大学，他们成了很好的朋友，好到那个男生可以请她帮忙追一个他们共同的朋友。而她明明相思成疾，却打死了也不表白。因为她害怕自己一旦表白了，他们之间的一切都被毁掉。多年后，她和丈夫离婚，并声泪俱下地告诉我，丈夫没有做错任何事情，只是她还一直没有忘记那个男生，可是一切却已经晚了。

还有一个朋友告诉我，他有很多暧昧的红颜知己，但他从未和她们有过明确的关系，也从来不和她们做任何肢体接触，只是眉目传情而已。他喜欢停留在心动这个阶段，不喜欢心动以后的阶段，因为每次再深入下去，故事都变得有点无聊，他喜欢的只是那种清新的、刚刚萌发的感觉。于是他就一直停留在心动的环节，而永远不会行动。与其说他怕无聊，还不如说他不知道该怎么玩下去，因为他只会程咬金的三板斧。就好像是一个景点，如果我们只在一个花园里游荡，而不愿意再去参观其他的花园，有两种可能，一种可能是这个花园简直就是天堂，就是所有，但多少有些坐井观天的感觉；另外一种可能是，我们会害怕一旦走到别的花园，就会失去所有已经拥有的，或者我们根本就认为外面的世界是危险的。

第二阶段：相思

感情世界里，一旦你的心锁被人开启，你就会想：我是他（她）的钥匙吗？谜底解开之前，我们会被各种入侵性的思绪占据，我们会昼思夜想，会辗转难眠。

然后“蝴蝶效应”就会发生：对方发出的每一个蝴蝶扇翅般的微小动作，都足以引发我们内心的一场海啸。当年我的大学同学就是这么折磨我的，他坚持认为他喜欢的女孩之所以那么晚上晚自习是为了有和他说话的机会……接下来，我发现这个人居然迅速地瘦身成功，一个月减重6斤，没有什么秘诀，就是从此茶不思饭不想，对周围的一切都不太感兴趣，如果开口说话，他只有一个话题，就是那个姑娘。一旦那个女孩出现，他就开始像体温计一样，随着那个女孩的靠近，脸部的红色开始不断加深。这个阶段，我们主要的感觉就是一种煎熬。和对方在一起时，内心充满了陶陶然的感觉，但很快，这种快乐会被患得患失感淹没，因为我们的心都在对方身上，对方已成为我们的呼吸，一刻都无法离开。这就会产生一种强烈的婴儿般的依恋，但和婴儿不同的是，我们会怀疑对方是否会如自己爱对方那样爱自己？如果是的话，那就是天堂；如果否的话，那就是地狱。

有些人的感情会长期停留在相思阶段。我就见过一些用十多年的时间去爱一个已婚男人的女人，她们有的已婚，有的一直未婚。这不禁让人迷惑，一个人可以让相思折腾这么惨却又坚持这么久，到底是什么动力在支撑着他们呢？心理学上有个名词叫“舒适空间”，如果我们的生活偏离我们内心的“舒适空间”太远，那么哪怕是锦衣玉食，我们也很难舒服。一个人可以长期坚持“相思之苦”，是因为这种苦已经成为他血脉中的一部分，他的人格结构盘根错节都围绕着这片土壤而生，你剥离了这片土壤，它也就失去了存在的意义。相思之苦可谓世间最苦的苦，因为它有强烈的不确定性。之所以有人沉浸于相思之苦而不以为苦，是因为对他们来说，是相思打造了他们内心的“舒适空间”，让他们感到快乐与幸福。

第三阶段：确认

太快速的确认：

有些人会选择跨过相思阶段，让感情直接进行到确认这个环节。这其实不是“确认”，而只是一种“自杀式”的自我暴露。国家地理频道曾报道过非洲各种动物的求偶行为，一只羽毛鲜亮的雄鸟为雌鸟跳了一下午的舞，才获得交配的机会。鸟犹如此，何况人乎？

但为什么鸟都能做到的，人有时却做不到？

因为这些人热衷的是“一见钟情”，他们心中的爱是不需要“言说”的，一切都是“自然”、“自发”的，如果有“人工”的痕迹，那就毫无意义。这恰恰说明他们面对“确认”非常脆弱，因为他们无法承受挫折，要求一次对接成功，也许因为他们一直在饱受挫折，所以无法承受更多的挫折了；或者也许他们表达太多了，却一直没有任何人倾听，所以他们内心对被理解的需求浓度非常高。对这样的人来说，他们需要的也许是一种反复的保证，那就是当他们被拒绝的时候，天不会塌下来。

确认其实就是一种冒险，但这个冒险无论是不要命还是怕到临阵脱逃，恐怕都不会让我们得到真正想要的结果。

太确定的确认：

有些人在情变的时候非常痛苦，他们无法理解，为什么一个人明明确认过爱我，却会有变化。这种变化让他痛感人生将无法继续。其实犹如蛇的每一次蜕皮，尽管我们都希望，这个世界和我们内心期待的世界是一样的，可现实告诉我们——不是，这个世界是不以我们的意志为转移的。

太不确定的确定：

某部电影有这样一个情节，一个女人和一个男人陷入爱河，在做爱的时候，女人总会一遍遍地问男人：“你爱我吗？”男人总回答：“是的，我爱你。”最后这个男人终于失去耐心，弃女人而去。男人不明白，这个女人的内心深处，是不相信自己可以得到想要的幸福的，因为她生活在地狱太久了，无法相信会梦想成真。所以很多时候，我们幸福与否与我们得到的无关，而与我们是否相信我们会得到有关。

确认阶段貌似只有两个答案，一个是：是的，我爱你；另一个是：不，我不爱你。但其实两个回答有时也会发生逆转。这正是爱让人神魂颠倒的地方。

德国曾有一位议员建议修改婚姻法，宣布婚姻也是有有效期的，过几年就要重新登记一次。从现实层面看，它可能是一个荒谬的提案，但在情感的层面，它却有其合理性，那就是提醒我们，情感犹如我们的生命一样，是会有发展和变化的，它必然会在某些方面老去，但同时也可以在某些方面不断加强。所以我们需要相信情感是稳定的，但同时也会变化，就像我们的面容一样。

第四阶段：结束

迷恋会持续多久呢？

社会生物学家海曼对此有个研究：在追踪了多巴胺、苯乙胺醇、催产素这三种大脑化学物质在37种不同文化的5000名试验对象身上的变化之后，他发现，强烈的吸引阶段差不多介于十八个月到三年之间。

那么一旦爱“退烧”了，我们该怎么办呢？很多人说这就是终点，这么说的人也太小瞧了人类。人活着不是只为了三十六个月的燃烧的。

迷恋的美感就在于“非现实性”，它的存在价值就在于，我们可以有一段时间生活在我们创造的世界里，尽管它是有保质期的，但并不意味着剩下来的“游戏”没有意思，只是我们从“天堂”到了“人间”，这时的游戏叫作“依附之爱”。它和迷恋有重合，也有差别之处。

2. 迷恋之爱与依附之爱的差别

第一个差别：

迷恋通常是在非常快、非常短暂的时间内发生的剧烈反应，但难以长期维持。而“依附之爱”则是一种细水长流的相对温和的状态。

为什么这么说，在神经生物学家的眼中，迷恋和“依附之爱”本就由不同的化学物质促成。当一个人陷入浪漫狂野的爱的时候，脑中大量分泌的是Phenylethylamine，简称为PEA，中文把它翻译成“苯乙氨”，随之而来的是多巴胺激素的增多，两者都会引发人飘飘欲仙的感觉，和吸毒者的状态相似。

但根据“边际效应”理论，凡是极致都很难长期维持。例如，一个人喝第一杯酒的时候，感到很兴奋。但当他成瘾以后，可能要喝两杯、三杯才有办法找到同样兴奋的感觉。所以成瘾犹如一条不归路，随着你越来越适应，也就需要越来越多的刺激。直到它耗掉我们的能量，让我们无以为继。我认识一些夜店人士，他们是城市里最懂得狂欢的人群，但他们告诉我，沉迷于夜夜笙歌的日子最多不超过三年，此后他们都在慢慢退出夜场，首先是身体受不了，然后是心理的疲倦。

第二个差别：

迷恋通常是基于一种投射，与想象有关，所谓情人眼里出西施就是这个道理。而“依附之爱”则是现实世界的真实的爱。

从心理学角度来说，迷恋来自两种强烈需要的满足。

一种是感觉到共鸣，也就是感觉找到了自己的知音，好像看到了自己的影子——他（她）完全和我是一样的。我喜欢旅行，他是驴友；我热爱恐怖片，他跟我谈《午夜凶铃》；我刚有一个想法，他已经脱口而出。和他在一起，我就感觉到好像和另一个自己在一起。更重要的是，这个人似乎比我更懂我自己，他是如此地懂我，以至于我能从他那里感觉到自己是如此美好的一种存在。

另一种需要是感觉到互补。比如我是内向的，所以当看到在人群中璀璨地发光的他的时候，我会不由自主地想和他在一起，因为我在他身上发现了一个多年来一直隐藏的自己。见到他，我才更确认，其实我是多想像他那样光芒四射，让人仰视，或者我多希望可以像他那样稳重和深刻，好像一切都可以尽在掌握……很多时候，我们好像是光照不充分的植物，总会有一部分是背阴的，所以当我们看到一个人尽情绽放向阳的那一面，也就是我们过去生活中所不能发展的部分的时候，我们会非常羡慕，也会情不自禁地想要靠近这样的一个人。

人之所以有共鸣和互补这两种需要，是因为人的存在需要从两个方面来修补自己，一个是补足欠缺的自己，一个是让没有机会发展的“隐性的自我”发展出来。现实生活中，我们听过不少乖乖女爱上坏小子的故事，就像《泰坦尼克号》里的罗斯与杰克，杰克靠什么征服罗斯？教会罗斯吐痰？带罗斯到船头感觉飞翔？和罗斯一起到下等舱的酒吧里狂舞？或者给罗斯画裸体画？也许都是，总之，杰克的一切行为都强烈地挑战着曾经严密控制着罗斯的各种礼法，杰克所拥有的勇气和肆无忌惮的激情，都是罗斯因为贵族的家庭氛围所无法拥有的。同样，对杰克来说，罗斯天生具有的那种优雅和娴静的贵族气也是出生于穷街陋巷的他所缺少的，罗斯需要绽放，而杰克需要的是一种内敛的美，于是两个人就成了阴极和阳极，紧紧吸引在了一起。

迷恋就是这样一种产物：就像我说的这个女孩或者是罗斯那样，他们希望这个世界上有一个人可以完全地理解他，或者一个人可以做到他一直渴望做的事情。

其实迷恋的原型是“睡美人”的故事，睡美人一直在沉睡，直到有人把她唤醒。迷恋就到此结束了。问题是，睡美人本身的问题并没有结束，她没有自我唤醒的能力，她所拥有的，就是那个可以为她披荆斩棘的王子而已，万一那个王子不爱她了，万一那个王子挂掉了，她该怎么办？迷恋主义者的解决方案就是把别人的东西，当成自己的。比如那种理解自己的包容，以及自己所不具备的另外一种能力，他们的假设是，当我和这个人在一起的时候，我们就“合体”了，我就是你，你就是我，所以我拥有了你，也就拥有了我生命所缺失的那一环了。

所以迷恋会在一瞬间发生，同时会拥有强烈的一体感，好像瞬间就融合了。但问题在于，这只是我们的想象，因为现实中，我们是无法和另外一个人完全融合在一起的，我们无论如何相爱，也是两个不同的人。最终我们会发现，我们不可能长久地停留在这个靠想象去爱的阶段。一段好的关系，不只需要让你梦想成真，得到照料还需要一定的挫折和不满足，只有在两者之中找到一个平衡，我们的内心才会足够健壮。就像我们学走路一样，一定要会摔跤，才能真正学会走路。如果在地上放满钉子，我们就不肯学走路了，如果不允许摔跤，我们也无法学会走路。所以当爱火开始熄灭的时候要明白，我们失去的只是爱的一个阶段，即我们走出了电光火石般充满梦幻的迷恋阶段，此后我们开始学习如何自己生产出我们所需要的，让自己可以真正与别人通过“交换”以及创造相处下去，而不只是靠“占有”依赖别人的资源活下去。所以，有人将“依附之爱”称为“真爱”，可能也是从这个角度上讲的，那就是，“依附之爱”是现实世界的爱，是更真实而不完全出于想象的爱。

第三个差别：

迷恋通常是以自我为中心的，有强烈的占有欲。

上文说到了两种爱，一种爱是“零和式”的爱，那就是我按照我想象中你的需要满足你，然后按照我的需要要求你满足我。比如一个有洁癖的妻子，她一天最大的满足莫过于非常辛苦地把家里打扫得干净利索，期望着丈夫回家时感动连连，感受到自己对家庭的付出和爱，可是丈夫回来居然抱怨她把家收拾得太干净了，好像到了宾馆，坐卧都不能随意。她这种爱可能不是热恋，但却是自我中心式的。当然你也可以说这个男人也是自我中心式的，换句话说，“自我中心”是爱中的常态，甚至可以说，80%的时间里，我们都在“自我中心”的爱中。在这个洁癖妻子的眼里，她觉得爱应该是按照她的标准来定义的，觉得男人“应该”喜欢她的付出，而且“必须”喜欢她的付出。如果丈夫有异议，就是不爱她。她无法理解：为什么在结婚的初期，丈夫称赞自己持家有方，现在却变称赞为埋怨，对自己的苦心视而不见？所以，我们常见婚姻中的抱怨是："为什么当初你对我如何如何，现在却如此如此？"这是因为，在热恋中，我们都以为对方是为自己天造地设的那一个，我们以为对方会完全和自己所想的一样，但却未察觉，彼此都有些不足被忽视了，我们并非真的完全喜欢对方的一切，但因为我们那么爱彼此，所以小摩擦都可以忍耐，直到热恋的发烧告一段落，以前可以忍耐的，变成了现在不能容忍的；原来在次要位置的，现在上升到主要矛盾了。其实热恋只是过度满足了我们一部分的需要，而忽略了内心真正的需要。比如一个非常内向的人，会因为非常渴望去享受外向人的精彩而暂时告别比较安静的生活，但过了一段时间，他会发现，自己还是需要过回原来的生活，毕竟我们无法拒绝我们已经"是"的部分，不管我们如何否定它的存在，它都是无法抹去的。这时，很多热恋退烧的人，往往无法接受对方的另一部分，因感觉到幻灭而分手。他们无法理解为什么一个外表那么阳光的人，会有那么多阴暗的想法，或者为什么一个看上去那么稳重的人，其实是那么闷而无趣。总之，自我中心的"拿来主义"者会希望爱按照他们的剧本来执行，他们希望对方是自己想象中的模样，如果不能符合，就只能放弃。

现在占相当比例的婚后不到三年就分手的人，大概多是这种"拿来主义"者。他们对爱的态度主要是按照自己的标准来进行的，换句话说，真实的对方是不存在的，存在的只是符合自己意愿的一部分。这多少有些像一个小孩对待自己的玩具的态度。其实这只是一种一厢情愿，因为人远比想象中复杂，我们将发现自己爱的人是多面的，而我们该如何爱上"整个"的他？这是一个选择，对很多习惯沉湎于"热恋"的人来说，这个世界不是天堂就是地狱，没有"人间"部分。这种"全有"或者"全无"的状态其实是一种非常有风险的生活，难怪有些人会长期固守在一个地方无论多痛苦也不愿意动弹，因为他们觉得如果离开了自己的"假想"世界，一切都会毁灭。他们不愿意接受失去，因为他们担心一旦承认丧失便从此一无所有。但他们不知道其实这个世界还有一种属于"人间"的爱。对方没有我们想象的那么好，也没有那么坏，而是不好不坏，既好又坏，好中有坏，甚至好就是坏，无法简单区分。这个世界的真相就是你永远都在“盲人摸象”。而爱是不断扩展的领域，你要由点及面，乃至多面地爱一个人，这会挑战很多你的“自我中心”和“一厢情愿”。就像那个“洁癖女”和“邋遢男”，他们需要有创造性地发展一种空间，能把他们各自的其他部分也装到家里，而不是将自己的一部分装到家外面。我们之所以在情感中很容易出轨，是因为我们一直有一部分是没有放到轨道上的，直到有人为这些部分安装了轨道，我们才发现那个部分的存在。如果这轨道不在家里，那就有可能被放到外面。其实，我们是无法分成几段去生活的，那是蚯蚓的生活方式，我们内在总是寻求一个空间，可以把我们的全部都安放进去。只有这样，我们才不用戴着面具生活。再举个例子，假设我们每个人都有好几个胃，分别有不同的需要，满足这些胃是我们爱的任务，在热恋期间，一个胃的满足往往会让其他胃以为自己也饱了，但热恋一过，你会发现其他胃可能长期挨饿，无法坚持。而我们只有真正满足彼此全部的胃，我们才能真正拥有彼此，否则即使在一起，我们也只能拥有一部分的他，而另一部分他则徘徊在家门外，这个说法也可以用在自己身上。当热恋无法继续下去，而我们又不想进入新的游戏规则的时候，我们的爱就会日益虚假化，不光我们需要对方虚假地爱自己，自己也会不允许自己的某些部分进入家门。但这就像是锁在地下室里的死尸一样，随着时间的延续，它被压抑而产生的恶臭会顺着门缝无法遮掩地散发出来，提醒我们要去解决。

第四个差别：迷恋是一种消耗品，而依附之爱则是一种具有成长性的产品

迷恋通常没有办法持续，因为它带着强烈的占有感而生，一旦感觉到我们拥有的不是我们想象的，“猎取”的游戏规则就没法继续下去了。“猎取”的游戏是我想要的，我就要，不符合我意思的，就弃之如敝屣。而“依附之爱”更多强调的是“加工”和“维修”，不断拓展自己的适应空间，让爱中的两个人可以在更多的层面“相遇”。现在很多人动辄就用“性格不合”为由结束婚姻，用“因为不了解而在一起，因为了解而分开”为离婚开脱，在相亲时实施“多线程”操作，同时和几个人谈恋爱，直到发现其中一个人最符合自己的心意，才断掉其他的“故事线”。这些都是一种“超市”心态，总是希望找到不用维修，可以永远“使用”的爱的对象；总是希望对方是完美的，只需坐享其成。

但事实上，你永远不会找到一个只为你而存在的人，其实真正的默契是需要长期养成的，要经过“磨合”，才能拥有“熟能生巧”的默契。

所以对热恋主义者来说，只有舍还是留的问题；而对依附之爱主义者来说，他们会评估如何修理的问题，就好像我们虽然会衰老，但我们会一直为我们的存在寻找各种活下去的理由一样。在婚姻关系中，我们是否有足够的容量可以面对各种负面的情绪，同时保持一种自我修复的理性和观察力，这是非常关键的一件事。

真正的“依附之爱”有一种很强烈的“承诺”感，而承诺并不来自责任，而来自“容错力”，这涉及我们是否有足够的力量承受失望，有足够的空间探索我们的差异，有足够的创造力来协调我们的不同需要，寻找共同实现的机会和平台。

《欲望都市》里的女主角会因为无意中在男友面前放了一个屁而险些想要和他分手，因为她无法承受“自己在对方面前是一个会放屁的女人”这一个事实。但如果他们结婚以后，她能一辈子不放屁吗？坦率地说，我们寻求爱情的一个重要的理由就是，可以很安全地展现我们的全部。也许生活就是由很多这样的“屁大点儿”的小事组成的，而且这些小事还是层出不穷的。在我们不同的年龄段，会有不同的主题来骚扰我们，贫贱夫妻百事哀，可是富贵夫妻呢？万事闹心吧。家家都有难念的经，此时我们是否还能保持花前月下？在看完账单，和孩子算完账以后？我们的生活在改变，我们也在变化，我们的需要也在变化，唯一能掌握的就是我们可以随变化而舞的能力。

西方人会严格区分“喜欢”和“爱”的感觉，可能一对恋人相处许久了，都只是在“喜欢”的阶段，而最终当他们能说出“我爱你”的时候，往往会让对方喜极而泣，因为这句话其实是一种定义，也就是说他们从“迷恋之爱”过渡到了“依附之爱”。

迷恋之爱，往往是我们都不知道对方是谁，就已经疯狂地喜欢上了那个人，这基本是一种化学作用。直到我们完全了解了某个人以后还能保持着这种爱，我们才进入爱的正题。在这个过程中，我们渐渐具备了一种能力，那就是爱上一个人而不是一个碎片的能力。

如何面对爱的变化？简而言之，我们也许只是从吃冰激凌转移到吃正餐，所以我们不能说吃冰激凌没有意思，也不能说正餐无聊，只能说在爱的盛宴上，我们开始吃第二道菜了。

三、爱非牺牲与忘我，而是合作与共存

1. 爱的四个阶段

依附之爱是什么？就是我们真正地把对方在心理意义上纳入自己的内心深处，而不是身体层面的简单的连接，或者幻想层面的想象的融合。这意味着我们真正理解了对方，也拥有了对方的某些特质，比如一个内向的人虽然还是宅，但也可以相对开放地参与到社交的活动中；或者一个总是流连于外面世界的精彩的人，开始有了一些独自面对孤独的能力……这些都是我们在与伴侣朝夕相处的时候所获得的一种“内化”和“消化”的能力。这就意味着，我不需要时时刻刻和你在一起，我已经将你化为自己的一部分。这是一种精神意义上的连接，远比身体的依附更坚固。

这个世界上有两种依附：一种是身体的依附，一种是心灵的依附。

对婴儿来说，身体依附是第一位的，因为如果他见不到妈妈出现，就意味着生死的危机，所以一离开妈妈的怀抱，婴儿总会哭泣。

随着婴儿慢慢长大，成长，妈妈用她无微不至的爱将自己的形象固化在了孩子的内心深处，而非视线里，这时母亲和孩子已经在精神上同在了。所以，尽管孩子去了远方，或者妈妈去世了，在孩子的心灵深处，也永远有一块地是温暖的。

同样，当我们长大成人后，对一个人的爱也存在这么一个过程。一开始当我们彼此相爱的时候，是有一个身心相伴的关系，身体的关系往往会大于心理的关系，因为那时我们都退回到了婴儿的状态。心理学家发现，婴儿的照看者和成人的恋爱伴侣有一些共同的特征：

* 都会在另一方处于身边和能够响应自己时，感到安全
* 都有亲密、私人性质的身体接触
* 当不能亲近另一方时都感到不安全
* 都与另一方分享自己的发现
* 都会抚弄另一方的面部，并都显示出相互间的迷恋和专注
* 都会进行“身体交谈”

当然还有一些其他的特征，比如喜欢用叠词，比如“我想要爱爱了”；或者用一些小孩子气的方式说话，比如撒娇：“不嘛，人家就想要嘛，宝宝想要要……”总之都是鸡皮疙瘩掉渣的词语。

其实在某种程度上，我们是通过谈恋爱来修复成长过程中我们的某些“缺损”，所以我们会回到最原始的起点，再重新长大一次。

犹如婴儿的成长，我们在爱的关系中也要完成从身体层面的依附到心灵层面的依附的转变，真正消化掉对方的特质，最后将其变成自身的一部分，这就是爱的最终的归宿和真正的意义。事实上，爱是有四个阶段的，每个阶段都会有每个阶段的

特点，我们也会在某些时空的条件下在这四个阶段来回穿梭。在某种程度上，我们都会或多或少地拥有这四个阶段的爱的特点，但却根据每个人的特质，在不同的阶段有不同的侧重。

第一个阶段的爱：是无差别之爱，俗称“有奶便是娘之爱”

有些人会永远停留在爱的这个阶段——“甜点”阶段，而无法真正进入到爱的“正餐”，因为过去伤害的阴影还在潜意识层面影响着他。

所以你可能只是看到一个花花公子在欢场上流连花丛的逍遥自在，却不一定知道当他回到住处，那种形单影只的凄凉，更不会知道，每当他进入到一段感情的深处时那种莫名的恐慌感。因为他们的爱都是“碎片化”的，他们必须靠收集“身体”，才能感觉到自己的存在。

在一个婴儿刚刚出生的时候，他是不认生的，也就是说，对他来说，任何人的“抱持”都是可以的。直到6 ~ 8个月以后，孩子才开始认生，开始懂得区分陌生人和亲人，开始对陌生人有了不安全感。同样，一个浪荡子的爱情就是寻求“不特定”的怀抱的过程，他的感情还停留在原始的“有奶便是娘”的阶段，无法深化到唯一性这部分，因为这对他来说是不安全的，这时就好像狡兔三窟一样，当我靠近你的时候，我随时都在想着如何撤退。

相反，当两个人处于“狂热的绝恋”之中的时候，好像一切艰难险阻都能成为让两个人更加疯狂热恋的催化剂。两个人完全沉浸在这份爱里，认为这个世界只存在这么一个人值得自己去爱，或者说当两个人分手以后，觉得自己很难再去爱一个人了，那么这份爱就进入了爱的第二个阶段。

第二个阶段的爱：VIP 之爱

这时候，我们已经从“有奶就是娘”的状态中走出来了，我们对特定的人为我们提供的特定服务产生强烈的依赖，这个人就是我们的全部世界，比如我们的妈妈。

我们会发现妈妈的爱和其他人的爱是不一样的，是对我最好的，我不可能从其他人那里得到这份唯一的和独特的爱。很多人一生都生活在父母的世界里，因为他们的世界观是“外面的世界是危险的”。

其实这不是依恋而是依赖。依赖和依恋的区别就在于：依赖者不相信自己可以独自生存，他所需要获取的资源都来自别人，对他来说，爱就是“施”与“受”的关系，要么我对你的需要不闻不问，要么我认为你的需要就是我的需要，或者我认为你有什么需要，我就给你什么需要。这样的关系不会有创造性。而依恋则是一个1+1>2的过程，是有创造性的，是满足了双方的需要以及两个人共同创造出更新的一种彼此满足的模式。停留在这个阶段的爱人深信自己无法创造资源，必须要依靠伴侣才能活下去，所以当爱开始出现问题的时候，他们可以放弃一切来挽救，但这恰恰会让他们最终失去爱。因为这个世界的平衡来自交换，而不是吞并。

第三个阶段的爱：是内化之爱

很多人说，夫妻生活在一起久了，就会有“夫妻相”，这就是所谓的“耳濡目染”，一段好的关系是可以在人格层面互相浸染和渗透的。比如说，一个宅男和喜欢社交的妻子在一起多年后，他也会渐渐爱上和朋友在一起的感觉；而他的妻子也会逐渐懂得享受独处和安静。这就是一种扩展，两个人在真正意义上丰富了彼此，渐渐在安全的氛围中去一点点探索自己未知的或以前无法展露的内在部分，发现原来自己还可以“这样活”。而这种长大是已经深化到自己的内心了，即使两个人彼此分离，也不会更改。当两个人可以进化到这样的爱的时候，说明你已经真正和对方有了身心的融合。

第四个阶段的爱：依附之爱

现在我们终于讲到“依附之爱”了。依附之爱和“热恋之爱”的区别在哪里？我们不妨说文解字一番。两者之区别正如“爱”与“戀”的区别。

“恋”的繁体是“戀”：上半部是两个“乱绞丝”加一个“言”，充分地诠释了恋的意义，恋是缠绕的语言，是缠绵的山盟海誓，而且是边界不明的。而“爱”的繁体为“愛”，是用手抓住的“友”。一个语言，一个行动；一个仅仅停留在语言层面的雄心壮志，另一个却是一种“行动”层面的把握。

“恋”是一种原始的激情，而“爱”是一种有创造力的感情；“恋”只是一种瞬间的情愫，是不包含理性的钟情与痴缠，像瞬间爆发的烟火，炽热而耀眼；而爱，是在理性的参与、漫长时间的考验下，去把握感情的一种能力。它经过思考，并包含生活的物质成分，是一种经营，像太阳的温暖，持久而有力。

“恋”每个人都能做到，但“爱”却需要能力。两个人之间的感情，多始于“恋”，最终进化为“爱”。从“恋”到“爱”，是从海誓山盟的激情，演变为“执子之手，与子偕老”的更有创造性之情。所以“爱”到最后，都是用手抓牢的友伴之情。

有很多人也许并不清楚，我对他是“喜欢”还是“爱”？其实这就是一个“恋”和“爱”的问题，如果你只能在情感上钟“爱”他，却没有能力做些什么，去把握住他，那就是“恋”，是喜欢，而不是“爱”。也就是说，区别“喜欢”和“爱”的，不是你的情感有多深，而是你愿为之做多少。

美国耶鲁大学心理学家罗伯特·斯坦伯格（Dr.Robert Sternberg）提出了关于爱的三元素理论，第一个要素叫Passion，也就是天雷勾动地火式的“激情”；第二个要素叫作Intimacy，就是那种相濡以沫，充满安全感和支持感的温暖；第三个要素是非常重要的，叫作Commitment，就是理智层面的控制和付出，以及承诺。

根据斯坦伯格的理论，支撑爱的大厦，其实需要以上三个椅子腿，而如果只有激情的话，遇到危机的时候就很难有足够持久的力量应对。有一项针对15年以上婚龄夫妻的调查发现，这些坚持长期婚姻的夫妻都认为，友谊在他们的关系延续方面起了很重要的作用。

恋的世界是哈利·波特的魔法世界，在魔法的世界里，一切错误都是正确的，一切瑕疵都是完美的，一切肮脏都不存在。所以如果一个热恋当中的朋友告诉你她男友吃饭抠鼻屎是多么帅的话，不要奇怪，因为魔法可以让一切丑恶变成美好，即使她的男友根本不照顾她，丢下发烧的她去和朋友喝酒，在她看来依然是充满孩子气的举动，是那么充满激情。

2. 依附之爱的规则

（1）黑就是黑，白就是白

在依附之爱的视野里，泾渭分明，青红皂白是分得一清二楚的。在“迷恋之爱”的时期，我们会有一种幻觉——我们是一体的，我们是重合的，我们起码是同心圆，到了“依附之爱”时期我们会理智地发现，我们并不是，我们只是两个相交的圆而已。我们会有非常好的交集，但也会有不少差异，这些差异会一直继续下去。

（2）必须得到补偿和回馈的良性循环

热恋时期的爱，往往会依从“牺牲”法则。但其实所谓的“牺牲”在我看来都是“长线投资”而已，一个人如果无限制地对你好，某种程度上，他多半也在暗暗期待你会如此对他，这其实就是一种无形的情债，要你偿还。而运用“依附之爱”的人则是做“短线投资”的人，“秋后算账”这样的事情，他们是不做的。在依附之爱里，两个人之间爱的回馈是一种良性循环，两个人会经常做一些让双方都获益的事情，更关注创造性的发展，而不是寅吃卯粮的零和游戏。

（3）小心“僵化之爱”

有美国心理学家对第一次前来做咨询的夫妻做了一个统计，他发现：有47%的受访者抱怨“热情不再”，43%的人说“我爱我的另一半，但我不再有在爱里的感觉，或者我感觉我的另一半不再爱我”。

那些传统意义上的咨询原因反而比例较低：只有34%的咨询者提到金钱问题，31%提到了外遇问题，19%提到了孩子教养的冲突。

在选出让他们最难过的问题时，“我爱我的另一半，但我不再有任何在爱里的感觉（或者我的另一半已经不爱我）”成了这些夫妻的第三选择，占34%，仅次于排第二的占35%的“太多争吵”以及排第一的“难以了解对方观点”。

在中国，因为心理咨询尚不普及，所以很多到咨询室的夫妻的就诊原因可能和美国心理学家的统计比例会有比较大的差距，因为很多中国夫妻到咨询室的时候，问题已经到了“病入膏肓”的程度，也就是所有调整措施都实施过很多次了，最后不得已“死马当活马医”，很多时候，咨询成了离婚前的中转站。

不过，细究之下，所谓的“金钱问题”、“教育子女问题”以及“外遇问题”往往都是结果或者说是一种“表象”，真正的原因就像电影《手机》里的那句经典台词：我对你的爱，犹如左手爱上右手。

这就是所谓的“僵化之爱”。当爱变成完全的“义务”和“责任”的时候，它就会丧失了真正的生命力。此时，最初的荷尔蒙代谢已经完毕，我们应该适时改变游戏规则，但很多人不知道其实我们的舞曲已经改变了，还一味地用以前的舞步跳舞，结果就出现了心理落差。谁也无法永远生活在最高点上，再极致的高峰体验都有归于平淡的时刻，如何让平淡不致陷入僵化，如何让渐渐降温的感情再度升温，如何避免“左右手之恋”的产生，这些都需要两人共同管理一个有效沟通、化解误解和矛盾冲突的平台。继续用热恋的标准来要求彼此、要对方为自己牺牲而不是想如何成就对方、也成就彼此，这种零和游戏思维而不是双赢的思路导致了爱的日益僵化，造成了情感的日益耗竭。最终，情感的僵化枯竭会以各种方式表现出来，最常见的就是外遇事件，到那时，情感早已问题重重且无法再逃避了。

（4）“依附之爱”更注重的是合作和共存，而非牺牲与无我。换言之，“依附之爱”更强调的是“容纳”，而非“容忍”

事实上，我们的婚姻也有一些机会重归热恋状态，比如小别胜新婚，比如我们在一次激烈的矛盾冲突之后，会有一种类似热恋的效应。但总的来说，一段好的情感，肯定不会经常出现非常销魂的场景，而是一直保持一定的稳定性，情感中友谊的层面和合作的意味会更强烈一些。

“容纳”和“容忍”的区别到底是什么？

首先，容忍的前提是我不赞同你的存在，甚至是强烈地反对，但出于大局考虑，不得不隐忍而为之。比如妻子非常不满意丈夫对婆婆的百依百顺，但却因为担心过多的争吵会引发婚姻的解体，于是只好将一切压在心头。可是，压抑只不过是换了一种方式表达而已，而且，累积的压抑也会通过别的表达方式强力反弹。比如当这个媳妇感觉到委屈，她就会有意无意地迁怒，比如她可以抱怨丈夫不为她出头，可以对孩子管教比以前更严厉，可能对同事发火，跟路人怒目吵架。而如果连这一切出口也拥堵了，那她可能会将攻击转向自身，也许她的身体会遇到问题。总之，我们不要妄想可以忽略一件事的存在，它总会以不同的方式在我们的生活中留下痕迹，这就是所谓的“容忍”。

而容纳的前提是，我承认你的存在，虽然你的存在和我的是那么的不同，我并不觉得你的想法会毁掉我，我也不想让你完全认同我，我想要做的是三赢，你好我好大家更好。容纳具有非常大的挑战性，需要我们发挥更多智慧，具备较高的情商才能做到。当我们面对冲突的时候，很多时候会以本能进行反应，会把自己的某个角色套在对方身上，所以其实我们面对的，并非真实的对方，而是我们的假想敌。当我们能尊重对方有可能也是对的，学会从他的角度看问题，才可能以我们本能防御方式以外的态度来处理问题，从过度的情绪反应中走出来，来到适合解决问题的情绪状态中。

3. 依附之爱的核心是什么？

（1）经营 vs 享受

如果说“迷恋之爱”的主题是到糖果店尽享糖果，那么“依附之爱”的主题就是如何经营一家糖果店，可以让我们一辈子都生活在甜蜜中，但这就需要我们在关系中有一种伙伴与战友的感觉。“依附之爱”需要呵护和努力才能获得，而“迷恋之爱”则是“共产主义”式的不需要任何附加条件的永动机。

（2）差异 vs 融合

“迷恋之爱”的主题是交集之内的世界，而“依附之爱”处理的是在交集以及交集以外更大的范围内，我们如何相处。

（3）整合 vs 互补

“迷恋之爱”的主题是当我拥有了你，我就完整了；当我失去了你，我就不完整了。而“依附之爱”则是我真正拥有了你的品质，你也真正拥有了我的品质，不管你是否在我身边。

所以真正完整意义上的爱，不是分开就活不下去，反而是即使分开，我们依然拥有彼此并因此感到完整与和谐。就像恋爱中的人说过的那样：“当我遇到你，我变得和以前不一样了。”这是我们之所以寻求爱的最重要原因——想变得和以前一样或者变得和以前不一样。因此，“依附之爱”和“迷恋之爱”的分野就在此：“依附之爱”是一种“内化之爱”。

4. 测试你们准备好走入婚姻了吗?

测试一：动机检视

下列是否是你考虑结婚的唯一原因或者是主要原因，如果是的话，你们的婚姻基础可能会存在“先天不足”，在遇到生活危机或者挑战的时候，你们的关系很容易出现问题。

●报复（比如因为失恋被人抛弃，想要填补空虚。）

●填补内心情感的空洞（没有恋人，我的人生就是废墟。）

●性需要（她太性感了，我想和他做爱；他太帅了，我想和他永远缠绵下去。）

●提供生活所需（他是我的钱包，我可以买好多包包。）

●移民需要（他能把我带到澳洲！）

●逃避不愉快的家庭，找到属于自己的安乐窝（我想远离我的父母！）

●事业的需要（和他一起可以让我事业更上一层楼！）

●购买房子的需要（结婚了就可以有钱买房了。）

●社会、家庭、朋辈的压力（我已经是剩女了，朋友们都结婚了，我妈妈都快疯了。）

●已有性关系，有责任结婚（都怀孕了，没选择了。）

●同情对方遭遇或者是因为对方对自己体贴备至（太可怜了，我想照顾她；或者，就图他对我好！）

●为讨父母欢心（如果我还不结婚，我就太不孝顺了。我太内疚了。）

什么才是“先天足”的感情？爱情有三要素：1.激情，2.友情，3.情商。首先，你们之间起码要有些迷恋，这可以让你们的爱充满欢乐，也就是我们所说的人生需要有些欢乐；而友情则是两个人有一些共同的观念和想法，双方关于生活的蓝图以及兴趣爱好性格特点方面有彼此共鸣或者互补的部分；而情商则使得两个人有足够的能力协调彼此的不一致，能将矛盾冲突转化成合作。

缺乏这三种要素的情感都可以称之为“搭帮过日子”类型，或者找“干爹”、“干娘”式的关系。因为这些情感的需要都是“浮萍”式的存在，所以很难抵御什么风险，很容易出现“夫妻本是同林鸟，祸到临头各自飞”的结局。

测试二：爱的能力的自我评估

爱的投入度与承诺：

（1）愿意为对方的需要付出自己的时间和精力。

（2）欣赏对方的优点并努力找到与对方缺点的相处之道。

（3）未来乐于与对方分担成为父母的责任和辛苦。

（4）愿意为对方设身处地换位思考。

（5）承认感情是需要精心培育的。

（6）不准备在婚后改变对方的习惯和性格。

（7）愿意探索自己的成长空间，学习与对方更好地相处的方式。

（8）爱情出现问题，愿意与对方一起努力解决。

（9）当对方遇到困难的时候，愿意给予对方安慰、支持以及更多的建议和协助。

（10）承担家庭、自己和配偶在未来的责任，比如照顾对方——当对方残疾、衰老、生病的时候，不离不弃。甚至在分手以后也愿意承担一定的对子女的照顾义务等等。

经济方面：

（1）已经可以自给自足。

（2）万一配偶失业，也可以维持一年半载。

（3）是否仍需要原生家庭的经济支援。（如你们处于此情况，则需考虑由此带来的一系列的情感问题——比如也许父母因此对你们会有一定的情感方面的控制权，而你们则需要在保持独立性和对他们的经济依附之间找到平衡，这对你们的情感是一个比较大的挑战。）

决定能力：

（1）仍依赖原生家庭给予意见，一切听从他们的决定。（如果是这样，则你们对各自家庭的依赖性很强，无法为你们的婚姻与家庭做出符合你们自己需要的决定，你们的关系将隐藏着独立与依赖的矛盾主题，日后这也许会成为你们关系紧张的导火索。）

（2）很怕自己的决定得罪父母，会有内疚之情。（你们可能有一定的独立自主能力，但你们在各自的人生成长过程中还是没有完成分离——个体化的过程。）

LOVE

婚姻的筑巢期：
结婚第二、第三年

第二章

一、画一幅共同的幸福蓝图

1. 你们心中的未来相同吗？

在解释何为婚姻中的筑巢期前，我们先来看一个故事——湘和为民的故事。

一切的烦恼其实是从收彩礼开始的，湘忽然发现，为民把他们在婚礼上收到的彩礼全都给了自己的妈妈，却连说都没跟自己说过一句。

湘非常震惊，因为在她看来，为民是一个百依百顺的男人，就是看中了他的全心全意，她才从那么多追求者中选中了条件并不出众的为民。

湘有一个妹妹，这个妹妹没有湘漂亮，没有湘学习成绩好，一切都比不上湘，可是因为她小，而且“善于”生病，从小就能收集全家人的目光。湘痛恨与人分享爱，也非常委屈，为什么自己这么出色，却不能让父母对自己多看一眼。所以从小湘就梦想着有一个只属于自己的家，一个只爱自己的男人，她不想再去体验那种失落的痛苦了。

为民就是这么一个无时无刻不在想着她，关怀她的人。只要一个电话，无论他在什么地方，一定会第一时间赶过来。尤其是当为民为了湘甚至把晋升的机会放弃，辞职和她一起到上海的时候，她终于认定就是这个男人了。

可是湘从没想过，这么热衷付出的男人，到底是谁“训练”出来的呢？

结婚后，湘发现自己“一觉回到解放前”。因为为民告诉她，从小守寡养大他的妈妈婚后要和他们一起住。这完全和湘内心的家庭画面相悖，她无法接受再有一个女人分享自己的爱，再一次，她成了被剥夺爱的那个人。

而对为民来说，他对婚姻的蓝图是有个非常美丽出色的妻子，同时还和妈妈住在一起，他要让因为守寡而一直生活在贫困辛苦中的妈妈安享晚年。为民受够了贫贱的生活，他从小就渴望成为能享受生活的城市人，他之所以喜欢湘就是因为湘来自一个富足的家庭，属于小公主类型，他希望自己能跟小公主过上有品质的生活。他也的确初步实现了当年的梦想，有了房，有了车，也有了娇妻，就差把妈妈接来，一家人幸福地生活。可是他万万没有想到，湘会对自己的母亲如此排斥。他可以为妻子做出一切让步，但妈妈是他的底线，这是万万不能牺牲的。他如此努力奋斗，有一个重要的原因就是妈妈曾多次告诉他：要活出个样儿给你那个嫌贫爱富、忘恩负义的爸爸看看，让他后悔抛弃了我们！而现在，他如果不照顾妈妈，岂不是跟那个他痛恨了二十年的爸爸没有区别？

在湘和为民的故事里，关于家庭的蓝图，两个人都有自己的底稿，只是在他们情感浓度最高的时候，谁也没想到要亮出这份底稿。因为在我们的“幻想”中，对方就是我们的Mr right，所以我们想当然地认为，对方想的恰恰就是我所想的，因为那时候我们是一个人，不分彼此，方向一致。

可问题在于，两个人内心的画面其实是不一样的，是疯狂的爱掩盖了这份差异。人生路漫漫，如果从一开始两个人的出发点就是不同的，又如何保证在路上不出问题呢？

从融合期步入筑巢期，爱侣双方渐渐从每时每刻的陶醉中踱出。疯狂的爱开始降温后，另一种热情——对未来的展望以及对建设现有生活的兴趣开始产生。他们的世界不再局限于床上。大家开始按照各自内心对于家的蓝图，构建家庭。于是那些曾被热情覆盖的种种问题开始浮出水面。

这个时候，我们已经开始发现彼此的差异，认识到我们其实是非常不同的两个人。从马桶盖到底是掀开还是放下，到房间的墙纸到底是绿色还是蓝色，以及我们到底什么时候度假，等等，一系列的问题像瀑布一样倾泻而下。从“无我”到“有我”，这是一个关键性转折的时期，大多数婚姻会在这一阶段走入艰难的“瓶颈期”。

有人说，爱就是因为不了解而在一起，因为了解而分开。这句话有一定道理，就在于我们发现，我们无力处理我们了解的“另一部分”。而且，当两人的需要产生冲突的时候，这一时期便成为一个“规则的形成期”，大家都会对彼此的角色和谁该做什么产生自己的想法。这是婚姻最重要的时期，因为一切都还没有被固化，行为模式还在一个萌芽的阶段，此时夫妻双方都处于“权力争夺期”，关于“什么地方，什么时候，什么情况，听谁的”还在形成中。这个阶段的“工作”直接决定婚姻可以在哪个层次发展。

丽非常困惑，她不明白为什么她的老公会看上如此“土气”的屏风，而且坚称，如果她胆敢将卧室的墙壁涂成粉红色，他就立刻“自绝于人民”。而在昌看来，丽的决定更不可思议，他渴望尽快拥有一个孩子，可是她却想要先上个学再说。她已经是硕士了，为什么还要考个博士？

“我们究竟是怎么了”，是这个阶段夫妻的共同心声。在此时，我们选择的不同的策略，对未来有着举足轻重的影响。

2. 家庭的愿景与家规

筑巢期留给夫妻的作业就是讨论“关于家庭的愿景”以及形成“家庭规则”。

什么是关于家庭的愿景？

昌的计划是当孩子生出来以后，倾其所有买一套大房子，一大家子生活在一起。而丽却完全无法接受，她希望两个人可以再多享受几年二人世界再进入三人世界。何况，她的事业正面临一个冲刺期，不像昌已经功成名就。现在，两个人的决定涉及全家的资产和家庭人口的巨大变化，牵涉到很多人的利益乃至家庭的命运。有时还要涉及移民、两地分居等重大选择，夫妻之间如果在这方面没有足够的共识，“人心就容易散，队伍不好带了”。

什么是家规？

对丽而言，家规就是男人必须要听女人的管。她可以给丈夫提供几个问题的答案，但最后一定要引导到自己想要的那个答案上。而昌的家规则是男人不用在很多小事上计较，但一些原则性的大事是不能没有自己的声音的。一开始丽以为昌是个“很包容、很听话”的男人，没想到，当谈到一些大事，比如生孩子、买房子、养父母方面的时候，却遇到了他的强烈“阻击”。

无论是家庭的愿景还是家规，夫妻们迟早都要形成一种相处的方式，无论这方式是斗争还是合作达成，最终将形成婚姻的大概面貌。

可是在定家规时，我们的传统教育让我们想到的是一个美好的家的愿景。我们的文化崇尚的是“无怨无悔”、“任劳任怨”的“奉献精神”。于是，一部分人选择了忍耐。

十年的婚姻，王冰都在“忍辱负重”中度过。丈夫对她日渐冷落，可是她还是忙于操持家务，送女儿上各种补习班，帮助脾气差的丈夫搞好两边家族的关系，在丈夫出轨时依然一如既往地在他生病时嘘寒问暖。

“一开始，我希望用我的行动感化他，现在我已经不抱希望了。”她哭着说。随后她抬起头问我：“卢老师，有人说男人就是需要三妻四妾，现在社会上这样的人实在太多了，您说我是不是不应该太介意？”

我还经常听到：“有人说，男人折腾就这十几年，忍一忍，等他老了，就会回归了，您说是吗？”

这样的话就是典型的女人在“筑巢期”的心态。千百年来，女人的位置就是负责“筑巢”的，这几乎成为女人血液中的基因。很自然地，女人就承担起经营家庭的“责任”。“男主外，女主内”的文化定势一直延续到今天，也在婚姻中被广为接受。可是，它真的适用于所有家庭吗？

3. 常见的筑巢期问题

(1) 发现彼此的“怪癖”。你将如何定义家？

对丽而言，家就是可以随意将拖鞋扔得到处都是，一回家就扑到床上一动不动半个小时，随意放屁打嗝流哈喇子，吃饭掉一地饭粒的地方。但对昌来说，这都是罪不容恕的可怕罪状。因为丽做的一切在他眼中都是对他辛苦的家务劳动的侵犯。昌对家的“五星级卫生标准”也让丽感觉愤怒，这让她失去了轻松感，不得不小心翼翼，压抑久了，就忍不住要对昌发脾气或者搞一些破坏行动。这种对家的不同定义，往往就被归结于各自有不同寻常的怪癖。

(2) 权力战争的程度是婚姻的所有阶段里最暴烈的

在这个阶段的夫妻们最关心的就是到底谁是对的。他们把大量的时间都花在激烈的辩论当中，只是为了争个高下。两个人都认为，自己的想法如果对了，对方就要遵照执行，如果对方不执行，那就拼死反对到底。所有的分歧，如果靠辩论形式进行，那么很容易最后变成意气之争——“敌人支持的，我都反对；敌人反对的，我都支持。”打个比方，如果你搭处于这个时期的夫妻的车，往往就会发现，他们各有分工，一个负责开车，另一个则负责唠叨、惊叫以及做“人肉GPS”。如果我们把车看成他们婚姻的隐喻，就会发现，关于婚姻往什么地方去、怎么去、以什么样的速度和节奏去、走哪条路去，每个人都会有自己的偏好。

钱钟书在《围城》中这样鉴别一对夫妻是否更有可能有始有终：如果一对男女可以经历一段旅途而还算没有反感，那么多半他们是可以共度一生的。

方鸿渐就是这么看的，可是当他按照这个原则迎娶了孙柔嘉以后，却发现两个人根本无法共处。为什么呢？因为婚前，大家的注意力都在于如何一团和气，而婚后，两个人开始将自己的蓝图展开，这时才发现，原来你和我想的不一样啊。可是如果不按照自己的路线图，那我为什么要进入婚姻呢？于是双方都试图将对方说服，让对方听自己的。可是爱情中的很多问题是根本无法依靠辩论解决的，因为这就像你爱吃炸酱面，我爱吃法国大餐，没有是非可言，如果一定要分出是非，那就像是抬杠了。

（3）我们常用传统语境来消解对对方需要的“消化不良”

在传统的中国语境中，常以性别角色的差异来诠释某些婚姻问题，比如，对于男人有外遇这件事，常见的论调是：男人就是想要三妻四妾，社会上这样的人太多了，女人不要太在意了；或者是男人折腾就这么多年，等他老了，就会回归……这些说法都试图帮助女性去忍受不能忍受的。总之，我们试图让自己可以更耐受彼此对家庭未来发展的不同想法，以及对家庭关系该如何维系的差异所带来的压力。

二、务虚：长久相爱的实用守则

1. 误解是如何产生的：我们只说十分之一的话

孩子和成人最大的区别就在于孩子比较缺乏“内在加工”的过程，他们似乎是“透明”的，你可以很轻易地了解他们的想法，这是因为，孩子还没有完全形成自己的边界。所谓“边界”是指我们拥有自己独立的想法和感受，而这些内在的部分不必和其他人分享。这标志着一个人的成熟。另一方面，我们也从此开始拥有了经验，可以独立地判断其他人言语的意义，也就是俗话所说的“眼力见儿”或者“察言观色”的能力。但有意思的是，我们似乎都是对如何获取对方的想法感兴趣，而对让对方了解自己的想法没有那么大的兴趣。

对一对爱侣来说，在感情好的时候，双方都认为对方和自己是完全一致的，并且希望两个人可以一直默契下去。但事实上，这种仅见于热恋期的不说自明的能力并无助于了解对方，因为在爱情状态中的男女和在婚姻状态中的男女是非常不一样的，这不存在欺骗的问题，就好像你在工作场合和在家庭中看到的老板也是不一样的。婚姻带来了彼此身份的转换，更有许多需要双方共同合作解决的事情，完全不同于热恋时期的享受状态。这必然要求双方对以前的相处方式有所调整。

语言的局限在于，很多时候，说话是有多个层面的。比如下面的对话：

“亲爱的，你帮我打扫房间了吗？”

“没有，我忘了，明天我会做的。”

“你已经说了多少个明天了？你根本不上心，你心里到底有没有这个家？”

“你动不动就上纲上线，一件小事你至于吗？一回家你就跟我叽叽歪歪，烦死了。”

“我说的不是这件事，而是说你根本不在乎我。”

“你这个人也未免太夸张了吧？你说我一天这么累，你一回家就跟我为了一件小事吵半天，家还有什么意思？”

“好啊，你终于说出来了，你已经厌倦我了，你不爱我了……”

“我不是这个意思……好了好了，对不起了……”

一场争吵的必不可少的第一要素是：我们认为对方的蓝图和我们一致

在我们恋爱的“融合期”，我们是没有“假想敌”的，因为那个时刻，我们没有蓝图，有的只有你侬我侬的爱，享受在爱里面，这就是我们所有的想象。

但当我们的感情稳定以后，进入到“过日子”的第二阶段的时候，我们还会生活在前一种假象中，那就是我们还以为对方完全了解我的需要，以及我们对婚姻中的角色期待是一样的。

比如在这个例子中，也许在妻子看来，一个合格的丈夫=在乎自己的感受+主动承担家务劳动+珍惜干净整洁的环境；而在丈夫看来，一个合格的妻子=提供温暖的安慰+随意包容的家庭氛围+充满欢乐的家庭气氛。

但事实上，很明显，在家务这个环节上，他们有不同的预期，虽然这是非常小的事情，但却和爱相关联。所以，婚姻之中无小事，或者可以说，小事都是大事的导火索。

因为这些蓝图有些在意识层面，有些根本就在潜意识层面，每个人心中都有着自认为天经地义，甚至觉得全天下人都会认同的“公理”，但恰恰是这种所谓的“公理”，让我们有时面对伴侣像面对外星人。

一场争吵的必不可少的第二个要素是：我们的蓝图都和我们内心的爱有关

当两个人的蓝图不一致时，遭遇到创伤的不只是个人习惯不能被尊重，而是我们的爱有了缺损。蓝图就是通往我们内心的路线图，是关于如何获取爱的说明书。所以，如果我们不去了解彼此内心对婚姻的图景，也不去探索一幅属于我们共同的蓝图，那么，这份爱在打地基的时候，就已经出了致命的错误。

一场争吵的必不可少的第三个要素是：我们以为我们已经讨论过，或者我们不需要讨论，或者我们认为自己没有所谓的蓝图

当我们彼此还是男女朋友的时候，我们对对方的期待是一致的。比如女朋友对男朋友的要求不会那么严格，因为他们的距离还没有那么近，或者男朋友可以满足女朋友很多超出他承受范围的要求，因为他还在追求的状态。

但是他们没有谈过，在婚姻中他们彼此能够承担什么，彼此的福利是什么，权利义务是什么，未来会期待什么样的生活，工作和家庭生活分配的比例又是什么。

比如，结婚以后有没有五年计划？有的丈夫在结婚的头几年遇到事业的成长期，需要将时间更多放在工作上，妻子能接受吗？如果接受，家庭生活如何平衡？又或者，有的丈夫想要做创业型的人，那么意味着家庭的经济有可能面对动荡的风险；有的丈夫打算平平稳稳做事情，侧重家庭生活，而妻子可能却希望能过上更优越的生活；有的妻子想要转型，需要丈夫更多侧重家庭生活，而丈夫也在面对事业的爬坡阶段……

除此之外，还有例如财务如何管理，家务事如何分配，闲暇时间如何度过，如何与双方父母相处等等细微而烦琐的事，都需要双方达成共识。

我们不妨先给婚姻算一卦

婚姻的未来

下面，

1.有信心能建立美满婚姻，原因

2.没有想到未来，原因

3.担心配偶会否不忠，原因

4.担心经济，原因

5.担心与姻亲相处，原因

2. 爱的五种语言

如果把我们的婚姻比作一辆车，这辆车将带领我们走过人生的旅程，就需要我们不断为它加油让它充满能量，爱就是我们的“油”。就像不同的车需要不同的油，不同的婚姻也需要不同的相处模式。爱的语言有千万种，归纳下来，可分为以下五类。

为你服务

有人需要从行动中感觉到对方是爱自己的，他们往往不喜欢言语的表达。这样的人经常会说，别整那么多虚的，你为我多做一些事情，我就能感觉到你的爱了。同样，喜欢这种理念的人，也许也会用同样的话拒绝一个需要“言语肯定”的伴侣的要求：我不会说爱你，爱不爱你，是用行动来表达的。

言语的肯定

这样的人非常需要一种言语的确定感，很多妻子都需要丈夫反复说我爱你，这是因为她们只有听到这句话的时候，心里才会又踏实了一些。也许这些人从小虽能得到父母的照顾，但却缺少父母从内心感受和情感层面的关心和安慰。

身体接触

很多孩子晚上会害怕得哭泣，这时候，父母的拥抱会让他们很快就安抚下来。拥抱带来一种甜蜜的安全感，觉得自己是被呵护的，被照顾的。很多女人在吵架之后告诉丈夫，只要丈夫当时抱抱自己，她们的气立刻就会消除。而对丈夫来说，似乎更爱用性的方式和妻子相处，可能妻子并不知道，其实他喜欢的不只是性，而是通过身体的接触，感觉到妻子是完全接纳自己的。

精心的礼物

很多女孩或者男孩，都喜欢在恋爱初期互赠礼物，因为礼物=心意=被特别地宠爱。得到礼物也是一个孩子最开心的时刻，很多人一生都在寻求这种被当成宝来珍爱的感觉。这样的人是通过礼物感觉到对方是在想着自己的，因为礼物意味着精心的策划，意味着一种兴奋和惊喜，这对于那些过去生活在某种平淡无味生活中的人会格外有诱惑力，他们需要通过礼物来确定自己是被爱的。

优质的时间

对一个孩子来说，当他晚上做噩梦的时候，当他跟父母诉说在学校受到的委屈的时候，与父母在一起，会让他们感觉到一种爱，感觉到自己的苦与乐、泪与痛有了共享。这些关键的重要时刻，大大有助于孩子健全人格的形成。而在婚姻中，为什么有的妻子或者丈夫会在多年后还和伴侣算很多年前的账？因为，这样的人往往是“优质时间”的“拥趸”，比如妻子会记住一些重要的时刻——生孩子的时候，丈夫不在身边，和自己闹别扭；生病的时候，丈夫抛弃自己……而丈夫可能会记住自己希望和妻子一起玩的时候，妻子的心在工作上等等。而另一方伴侣则可能无法明白，为什么错过了这些时间点会对自己的伴侣影响那么大。

我们大多数人都会从上述五种方式中或多或少感觉到“被爱滋养”的感觉。但我们一定会有一个侧重点，也就是说，我们会在五种爱的表达中有一个接受和付出的偏好。

很多时候，我们的误解和误会往往就因为彼此在爱的表达上没有“翻译”而造成的。比如，杰感觉到很委屈，因为他为妻子准备早饭、晚饭，带孩子，做家务，可是妻子还是抱怨他不够爱她，他不明白，为什么妻子就喜欢那些虚头巴脑的话，他最痛恨的就是这种“不实在”的话，在他的爱情观里，这种言语的表达意味着不真实和不真诚。但他不了解，对妻子来说，“言语的表达”是非常重要的，她不能确定，丈夫做事情是为了自己还是为了她。

所以，夫妻需要了解彼此感觉到爱的途径是一样，并且承认对方表达爱的方式也是“对”的。

在婚姻的筑巢期，两个人要学会从相处中慢慢发现彼此的话语到底意味着什么。每个人的行为模式都不是普世的，你需要找一个转接接口。千万不要希望对方可以不说自明地了解到我们的需要，要知道，一切资源的获得都需要我们付出努力。

其实我们在这里谈到的就是一种共同商讨彼此蓝图的方式，也就是在制定某种契约和规则，其目的是为了确保我们在婚姻中获得我们想要得到的爱。婚姻与一般感情的最大不同就在于它是一种契约。而奇怪的是，这个契约在很多人的婚姻生活中居然是一纸空文，又如何保证来自两个不同的家庭、彼此存在差异的人长久地共同生活呢?

所以，婚姻中的双方需要有一个相对的时空，坐下来正式地讨论如何相处，了解彼此的需要，以及这个需要对彼此的意义；了解如何满足才是真正的满足，也就是满足的途径是什么，真正帮助彼此实现心中的需要。如果帮助对方满足这些需要有困难的话，我们可以做什么能让这种困难变小一些，让对方更容易做出满足自己的行为。

坐下来谈，这可能会让你觉得不好意思，好像很多事情怎么能说得那么清楚，斤斤计较似的。但我觉得很多事情，如果先小人会容易做到后君子，很多事情都是因为次序反了，先君子而无法坚持下去，反而最后只能“后小人”了。

“先小人”的好处，是在我们尚有感情温度的时候，谈论一些话题就算遇到阻力也还会有转圜的空间。千万不要觉得这个讨论的过程可有可无，如果你对对方的爱足够浓厚，就应该对对方有更多细节的了解，这有助于婚姻“蓝图”的?

很多时候，我们喜欢的可能只是我们心中的那个人，而不完全是真实的爱人。此时，我们讨论蓝图的时候，也许会有很多失望出来，但这是迟早要发现的。我们之所以爱上我们幻想的那个人，是因为我们不敢相信除了这么幻想以外，这个世界还有没有办法让我们获得想要的幸福。

我坚定地告诉你：有。

但你要学会“庖丁解牛”，当你找到规律，找到方法，就会发现爱不是那么难。

而最节省成本的方式，就是我们在真正开始旅程的时候，展开地图，研究我们想要去的地方，如果我们各自确有各自的方向，你也应该庆幸，因为起码你们在刚刚出发的时候就发现了这个问题，让双方有时间一起努力，找到一个大家都能接受的方案，去我们都想去的地方。

三、务实：共同生活的实用守则

1. 爱的表达

你喜欢对方用下列方式表示爱意，对方又想如何，请用1～5代表喜欢的程度，1表示最喜欢。

方式	自己	伴侣
为我服务（协助我赶功课，修理计算机之类）		
言语的肯定（称赞、甜言蜜语）		
身体接触（拥抱、触摸等）		
送礼物（大小不拘，能表示心意）		
共度优质时间（同游玩、二人共度时光、听我申诉）		

2. 共度时光

这个可能对“共度优质时间”类型的夫妻会格外重要，但事实上，几乎所有的夫妻都需要一个时空来体会“在一起”的感觉。这和我们的依恋有关。有时候，我们体会到的爱与以前在父母那里体会到的爱有很多相似性。

比如，一个父亲可能喜欢带着自己的儿子和妻子一起去球场看球来度过周末，因为，在他孩提时曾多次与自己的父亲这样过周末，他感受到了爸爸那种意气风发的快乐，这是他体会到爱和幸福的一种方式。

而可能他的妻子更热衷于和几个熟悉的家庭一起到郊外去野营，因为，在她的童年的快乐记忆里，和父母一起到城外的小河边烧烤，她印象中家的味道是和烤肉的香气与父母的笑脸相联系的。

这样，双方就在家庭的休闲方式上产生了矛盾。而无论谁因为妥协而忍耐，对方都会感觉糟糕，因为他能感受到妥协的一方并不“享受”这个周末，单纯地完全满足其中任何一方都不是真正的家庭生活。细细探究背后的原因，也许有两个可能，第一是对丈夫来说，也许他只知道如何和爸爸相处，而不知道如何与妈妈共处，所以妻子的那种全家人一起活动的方式会让他感觉到陌生，同时也会有一种恐惧，对自己需要的恐惧。有时我们会反对我们所需要的，排斥我们所渴望的，因为这种渴望会让我们开始体验过去的挫败感。就像是一个不再啼哭的婴儿，因为受不了需要长期不能满足的感觉，索性不再啼哭。这个过程叫作“去依恋化”，而经历了“去依恋化”的人，可能会在恢复自己需要的求索状态时产生强烈的恐惧甚至拒绝。所以此时，双方都需要有足够的耐心去容纳对方这种强烈的内心斗争。第二，我们可能需要了解到，家庭也是一个团队，而团队的幸福不等于个人的幸福，我们需要在个人的幸福和团队的幸福之间找到平衡，为我们的交集做一些事情，同时也要保持交集之外的世界也是足够丰富的。所以，婚姻中的双方需要重新检视自己的需要，哪些是可以和朋友共度的，哪些时光是专属于自己的，哪些是必须完全属于家庭和婚姻的，哪些是一家人进行的，哪些是专属于夫妻的，这些活动应有一个基本的统筹规划，并各有侧重。

你们有共同的游戏时间吗？

讨论：

你们的休闲活动：选择你喜爱的活动（1.喜爱，2.普通，3.不喜爱），并预备如何培养一些相同的爱好。

a.看与听

文娱表演（交响乐、话剧、音乐剧、舞台剧、歌剧……）

展览会（花展、书展、设计展……）

球类比赛　游车河/船河　艺术中心　阅读　电影

博物馆　计算机游戏

b.较多体力的活动

球类活动　划艇　钓鱼　露营　远足爬山　放风筝

游泳　跑步　漫步　踏单车　各种花样做爱的方式（比如SM）　做家务等

c.交际式

野餐　生日会　卡拉OK　集体旅行

d.社会参与及进修

义工活动　校外课程　讲座　研读文章书本　参与团体活动、俱乐部活动

e.创意活动

绘画　小手工艺　戏剧演出　写文章　玩乐器

f.静态活动

在家里，各自做各自的，但能感觉到对方的存在

睡觉

搂在一起看片……

g.其他

3. 生育计划

生孩子这件事也是很多时候难以谈论的一件事。因为在我们约定俗成的场景里，都是夫妻结婚后就会想要孩子，似乎这是一种理所当然，因此不需要讨论。

事实上，夫妻双方对于生孩子还是有不同的动机的，如果彼此不对生孩子后面的动机有一个觉察的话，那么就相当于埋了一个定时炸弹，不知道什么时候就会爆炸。

生孩子是一件大事，大在哪里？首先，它对家庭结构是一个巨大的改变。两个人不仅是夫妻，也成了父母，以后两个人关系的分合都要考虑到这个“第三者”。其次，孩子会使得工作与生活都要做出相应调整。因为有了孩子，会涉及教育基金、改变居住环境（比如要住到学区房）、婆媳矛盾乃至翁婿矛盾等问题。现在大多数小家庭都由老人帮着带孩子，二人世界突变四口之家乃至五口、七口之家，有限的空间剧增的人口，会对夫妻之间的联盟关系产生巨大的压力。这对个人也是一种挑战。不是每个人都对生孩子做好了准备。很多人在内心深处还只是一个孩子，习惯于被动地接受一切，尚无能力主动去照顾到孩子。

而从心理角度分析，许多人惧怕做父母还有更深层次的心理原因。比如，因为自己父母过于强大，有的人不得不一直被父母牢牢钉在孩子的位置上（同时，他们也牢牢抓住父母，让父母无法拥有自己的生活）；或者，因为父母过于弱小，有的人不得不从小就必须为自己而战，而这对他们来说是一种创伤。所以，他们不能成为父母，因为他们内心缺乏好的父母的影像，就好像一个人没有学会开车的时候，却坐到了驾驶座上的那种心虚的感觉。而对那些心理上受到过父母伤害的人来说，他们很容易将对父母的厌恶泛化到父母的角色上。因为越靠近亲子关系，他们就越能记起过去受过的伤害。有些人一直不婚可能也源于此。此时，夫妻双方需要加深彼此在内心深处对生孩子这件事的理解。

某个妻子告诉丈夫不想生孩子，因为她害怕自己生完孩子会变丑，这可能会让丈夫发怒：认为妻子太不成熟了。但他可能不知道，妻子在儿时经历了父母的争吵和分离，她曾听到父亲辱骂母亲：“看看你生了孩子以后，就像一头肥猪，我这些年忍你到头了！”妈妈被这些话摧毁了，从此终日以泪洗面，年幼的她不得不从小承担起照顾妈妈的责任。于是，她害怕成为妈妈，因为妈妈对她来说就是自我毁灭的象征。当然，妻子也可能无法理解到，对于丈夫来说，生孩子对他们四代单传的家族来说是多么重要，对他来说，生孩子也是对父母多年辛苦付出的报答，也许还有对负债供养自己上大学的父母的内疚。

如果这对夫妻各自带着不同的动机勉强生下孩子，恐怕孩子出生后，会有很多矛盾发生，因为孩子并非他们作为“主体”意愿而生，而是承载了大量的内疚、恐惧以及愤怒在其中。一个感觉到欠着父母的人，对父母充满感激的同时也有一种恨，因为父母的爱对他是一种攻击，让他感觉自己伤害了父母。那么这种无法表达的愤怒，会很容易转移到孩子身上。

而对成为妈妈充满恐惧的妻子则会在勉强生了孩子以后，无法接纳自己作为妈妈的角色，孩子将会受到忽视乃至精神上的伤害。

而如今许多家庭选择把孩子丢给老人抚养，也会让孩子处于一种尴尬的位置：他们似乎是有父母的，但事实上又好像没有；他们是受到父母的照顾的，但事实上也没有，这种似是而非的关系也许会成为孩子一生的困惑：到底谁会来爱我，我到底可以依恋谁？

也许我提出的观点有些理想化：毕竟很多时候，我们生孩子是受到各种因素和动力的影响的，但如果一对夫妻能在生孩子这件事上更慎重一些，乃至更内省一些，也许会减少许多对彼此情感、对孩子的伤害。

毕竟很多时候，我们对孩子爱的同时也会有其他的感觉，比如恨孩子剥夺了自己做孩子的空间，或者因为孩子的存在让自己暴露在过去的伤害恐惧场景中等等。我们需要减少“以爱的名义”伤害孩子的行为。

有些时候，我们在生孩子之前还需要对如何抚养孩子，对期待孩子未来如何发展，以及如何教养孩子等问题有初步的协调和讨论、沟通。比如一个凤凰男出身的丈夫，非常希望自己的孩子可以成为一个在物质上非常富足的孩子，拥有一切良好的条件，比如可以不用高考就出国留学，可以到夏威夷度假，可以过一种轻松自在的生活；而也许作为城市女出身的妻子，会对孩子的学习非常看重，因为她来自书香门第，认为如果孩子没有良好的教育背景以及卓越的职业，就是有辱门庭。而从小受够了苦哈哈学习的丈夫对妻子对孩子的巨大期望会有一种天然的反感。如果两者不在生孩子之前，对此有一个沟通的话，日后会惊讶地发现，两个人在教育孩子方面存在如此之大的差异。

考虑以下问题：

a. 我们会否考虑节育________，节育方式________。是否想要小孩________。不想要的原因________，渴望有的原因________。对是否生孩子的问题，内心很矛盾，因为________。其他意见________。

b. 若生养孩子，首次怀孕最适当的时间是________；数目：男________个，女________个。抚养孩子最合适的人选是________；原因________，夫妻如何配合________。

c. 在我的想象中，我的孩子会成为一个________的孩子，我认为孩子拥有________品质，对孩子是最重要的；我认为我在孩子心中会是一个________的父亲/母亲；我认为我的伴侣在孩子心中会是一个________的父亲/母亲；我觉得我会用________方式教育孩子；我认为作为父亲，应为孩子做________；作为母亲，应该为孩子做________；在做父母方面，我觉得我________方面是需要帮助的；我将会用________来让自己获得帮助；我希望我的伴侣将________帮助我成为一个称职的父母。

4. 姻亲关系

刚才我们已经提到了，生孩子以后，小家庭会面临与父母同住的问题，此时，长辈的教养方式和我们的理念会有各种冲突，而且我们和他们之间本身的矛盾也可能在这个时期再次激化。

此外，在结婚前和结婚的时候，也是我们和姻亲之间产生冲突的黄金时期。在中国的文化中，我们总是和自己的原生家庭有很强烈的连接感。很多时候，婚姻的矛盾最后会变成家族之间的斗争，本来应该是二人之间解决的问题，最后会变成一种“群殴”，因为越来越多的家庭成员的加入，导致问题如滚雪球一般复杂和膨胀。

在结婚的时候，如果你知道彼此的家长都是那种离开孩子就没有幸福可言的类型，就应该预期到，你们的婚姻会出现一些“家族战争”。

尤其是现在，独生子女一代结婚以后会出现一个家庭必须照看四个老人的局面，每个家庭都会在如何赡养老人方面存在一些问题的分歧。比如，如何分配“大家庭”和“小家”的时间、空间？春节的时候，回谁的家？孩子出生以后，由谁家的老人来带？

如果你们足够明智，最好在结婚前就为此进行探讨，不要让这个问题成为日后婚姻的“隐患”。

第一种类型：苦妈孝儿 / 苦妈孝女

我们在这里重点要谈婆媳关系，因为在中国这可能是最难相处的一种关系。婆媳关系如此难解，最关键的是男人——妈妈的儿子和媳妇的丈夫，或者不作为，或者拉偏架，若要探寻原因，很多时候是因为这个男人从小生活在对妈妈的内疚感里，因为从小他就要面对一个比黄连还要苦的妈妈，他从小就要训练自己如何防止自己处于妈妈苦难的眼神当中，因为那会让他觉得自己出生都是一种错误，这是一种对自己的生存巨大的否定。苦妈有各种苦，苦的原因可能有多种，常见的有：1.出身贫寒。为了养育一大家子，妈妈呕心沥血，吃糠咽菜才供出了这么一个大学生，作为儿子你情何以堪？ 2.有一个赖爸或者混账爸。他要么就永远像小孩一样，拖累着妈妈，要么就是酗酒赌博外加出轨家暴冷暴力等，总之坏事做尽。3.爸爸既不赖也不混账，但要么早亡，要么因故失去了工作能力，总之最后还是得让妈妈来承担整个家庭。

无论是什么原因，最终都会变成这样一个局面：因为爸爸的缺失，使得妈妈独木难支，儿子不得不牺牲无忧无虑的童年，被迫挺身而出帮助妈妈分担。孩子帮助妈妈分担的最好方法就是成为妈妈的情绪垃圾桶，让妈妈把一肚子邪火和委屈都发出来；或者成为妈妈的暖水袋，知冷知热，懂得照顾妈妈；或者成为一个隐形人，不再对妈妈有所需求，因为妈妈已经精疲力竭了。正是这种长期积累的强烈的内疚感，使得这个男人试图成为妈妈的保护者，而不是自己家庭的保护者。

更重要的是，妈妈牺牲自己照顾家庭的形象会在无形中培养儿子牺牲自己、成全别人的性格倾向，而这种倾向可能就会变成牺牲自己的小家来满足父母需要的局面。

坐下来想一想：

与自己家人联络和相聚的方式	与配偶家人联络和相聚的方式
奉养自己家人的方式	奉养配偶家人的方式
我喜欢与自己父母同住吗，原因	我喜欢与配偶家人同住吗，原因
若我与姻亲意见不合，我会	若配偶与我家人意见不合，我会
想及自己的家人，我的感觉	想及配偶的家人，我的感觉

5. 夫妻之间如何谈钱

夫妻是一个情感的联合体，也是一个小小的经济体。这可能是婚姻和爱情之间的重要区别之一，因为婚姻是涉及经济问题的。而我们关心的不是你的理财观念，我们更关注你对金钱的态度，因为某种程度来说，它也是情感观念的一种折射。

(1) 金钱和情感有极高的相似度，比如它们都是我们不可或缺的资源。

(2) 金钱如果经营不善，你会有破产之虞，感情也如是。两者都需要用智慧去经营。

(3) 金钱需要考虑到投入和获得之间的平衡，总的来说要收>支，经营才能维持下去，情感也如是。

(4) 金钱可以区分两种人：拥有者和追求者。有的人善于“马上得天下”，但不善于“下马管天下”。所以你到底是挣钱的还是烧钱的，是攒钱的还是为钱增值的，是“旺夫”的，还是“败家女”？这些比喻都可以用于我们的感情。我们是如何看待金钱的，往往就意味着我们如何看待情感，因为无论金钱还是情感，本质上都是一种资源，需要我们去学会分配。

(5) 金钱涉及权力和安全感，以及个人的核心价值观。比如我们是如何看自己的，我们是如何看这个世界的，我们认为自己有价值吗？我们认为这个世界是安全的吗？我们能信任和我一起生活的人吗？这和情感是有着同样的主题的。

(6) 和情感一样，在我们婚姻的每个阶段，金钱都会有不同的主题。随着婚姻阶段的发展，我们会面对不同的任务。比如当我们刚结婚的时候，赚钱的主题不太明显，而当孩子出生以后，孩子的教育经费就成了家庭计划的重中之重。之后，工作的变动、退休计划的筹划、理财的需要、照顾年迈的父母等等，这些分歧会纷至沓来。人到中年多烦忧，说的就是这些让人头疼的分歧。

(7) 很多时候，金钱涉及的不是人民币，而是作为一个经济共同体的夫妻如何讨论一起生活的问题。如果我们无法在钱上取得基本的共识，那么我们在情感上也很可能面临同样的危机。很多时候，金钱会成为具有象征意义的永久性的问题。

你是消费品还是增值品？

我们可以进一步详细举例：比如，很多女人都想找到一个高富帅结婚，这样就可以一步到位，立刻升级为公主。记得多年前，我曾作为《一虎一席谈》的嘉宾，参加过一场辩论。辩论的题目是《美凝这样的女人要不要娶》。说的是一个混迹于博客的女子名叫美凝，她在博客上公开征婚，列了11条重要原则，最后一条是要应征者起码要有500万身价，而且要有100万流动资金。当年，500万的价值与通货膨胀的今天不可同日而语。而让我印象深刻的是，美凝说，她这样做无可厚非，设立这个标准，无非是想要与和自己同一档次的人交往，而非被“闲杂人等”骚扰。我唯一的疑问就是，她觉得自己有什么资格匹配她认为的“优秀人群”(如果我们的社会价值观将好男人的标准定位于拥有大量社会资源的人的话)，你可以为对方增值吗?

世界上任何一种事物，都是有一个普遍道理的，那就是我们因为增值而结合，因为减价而分开。

我有一个朋友，职业是公务员，她的老公在结婚十年中从一个创业者摇身一变成为上市公司的老总。但她依然用老的视角看老公，而且素面朝天的她坚持不愿盛装参加老公的很多社交活动，为此他们多次发生冲突。夫妻关系交恶之后，她觉得自己掌控着家里的所有存折，万无一失。丈夫每次信用卡刷卡，短信就在她手机上显示，由她在月底清偿。

因为存折在手，她感觉很安全——至少我老公要给别的女人花钱我就能知道，但最后她的婚姻还是以离婚告终。丈夫早已转移资产。

很多女性在事业上非常成功，却在金钱上有一种弱势心态，因为不懂或者不喜欢，她们往往不愿意参与到家庭的理财规划中去，久而久之，很可能就被边缘化了。

无论在职场上还是在家庭中，女性都应该做一个有利用价值的人，没有人会讨厌一个对自己有帮助的人。在家庭中，一个女主人的重要任务就是为家庭财富的保值增值负责，而且懂得理财还有一个好处，就是可以与老公有很多共同语言。

其实这里还有一个非常关键的理念：你是如何看待自己的?如果你把自己视为消耗品，而非增值的资本的话，你就很难为这个家庭做出真正的实质的贡献，你总觉得，如果我把青春献给你，如果我有了功劳，就可以一辈子吃这个“免死金牌”了，对不起，感情在本质上也和世界上任何一种资源一样，它需要新陈代谢，需要能源的补给，无论你以前做过什么，如果你最终无法为爱加油，成为你们的婚姻经济共同体的一员，恐怕就会面对被裁员的危机。而如果你认为老公或者老婆就是自己的钱包，那么当这个钱包有些困窘的时候，就是你们的危机。

中国传统文化对女性在理财方面有很大的禁锢，而当下的社会日趋中性化，已经很难分清楚哪些事情是女人该做的，哪些是男人该做的，除了生孩子以外。你是管金库的丫鬟还是女主人？一个保姆或者一个管家就可以把你的家收拾好，做可口的饭菜，但如果能把一个家庭的财政打理得干净利索，女人的“附加值”就会一直飙高。

一个女人可以拥有幸福的秘诀就是做一个有“比较优势”的女人：我肯定不是最聪明的，也不是最有钱的，也不是最好看的，但是我比聪明的有钱，比好看的聪明，比有钱的漂亮又聪明，这就是我的价值。

如果有人告诉我，他们从未在家正式地谈过钱，那么我敢肯定，他们对情感问题也是采取回避的态度。因为钱是一个家必不可少的运转下去的资源，如果连这个都是处于“无政府”状态，那么足见这个家庭非常缺少“议会”的功能。

关于金钱，男性与女性有不同的偏好。

有一项调查发现，有70%的女性认为她们在家中是掌控金钱的，而有60%的男人则认为他才是家里的拍板者。其实两者都是对的。一般来说，我们的文化比较赞成男人负责增资部分，而女人负责节流部分，夫妻双方在家庭中相互配合。在中国的家庭文化中，男人和女人都有各自的分工：如果把家庭比作一艘大船，那么男人属于风帆，女人属于掌舵者。风帆的愿望是乘风破浪，而舵手的愿望是保持稳定。

曾有一个女权主义者说过：“我从未听说有哪个男人会问如何平衡家庭和事业。”其实同样的话也可以适用于女性，这个家需要夫妻双方配合，在各自擅长的领域做事。

同样是理财，男人对钱的态度更多像是做生意，而女人的态度更多有一种到菜市场买菜的心态。前者的好处在于可以做一些决断。但男人也有短板，往往在决策投资的时候，容易过于被胜利或者幻想的胜利冲昏头脑，做一些过分冒险的行动。

而作为舵手角色的女人会有一个长远规划，当男人将钱日益当成一种事业经营的时候，女人则会将钱看成是家庭安稳的基石。比起男人，女人更愿意从家庭生命周期的角度考虑理财，她们往往会对孩子的教育金、退休金与基本的生活规划更感兴趣。

你们有“投资纪律”吗？

一个好的理财团队应该发挥男人和女人的文化天性，比如夫妻应该商讨投资纪律。

在一次家庭理财讨论中，有个女人站起来说：“我掌握家里财政大权，每个月我给丈夫零用钱不超过3000元。”她的丈夫也在场，当被问到“钱够花吗”，那个丈夫骄傲地说：“我们现在已经有了三套房了。”现场一下静了下来。

这家人的理财经验可以普及吗？未必。但可以普及的是，夫妻需要站在一个战壕里，制定一个共同的理财纪律，并坚决执行，比如股票涨、跌到什么程度，我们就要采取什么措施，我们的投资底线是多少等等。

做到这一点不容易。比如当夫妻各自原生家庭有困难，那么我们该如何面对？所谓的理财纪律应该是相对中立和不带有情绪卷入的一种规则。你有什么理念都可以，但是关键在于夫妻能就这方面达成一致，起码都是一碗水端平。否则就会后患无穷。

很多时候，女人觉得自己是家里的女主人，其实她们只是拿着钥匙的丫鬟、出纳而已。因为她们在家庭财富方面没有发言权，也没有知情权。

当带着不同的金钱观念的两个人进入家庭，每人都有一套钱怎么花的想法，战斗也许从结婚前两家开始谈婚礼就开始了。关于买房、装修、买家具，关于平时的消费，以及存折、工资卡要放在谁手里……这些议题我们迟早要去讨论，或者在潜移默化中形成。有人在婚前就商量好了，也有人在婚后十多年还没有形成一个约定。

所以，婚姻中的两个人，尤其是女人千万不要羞于谈钱，家庭理财，这是两个人共同的权利，也是义务。有些时候，谈谈钱也许等同于谈谈情。

解决方案：

你需要一个清醒的理财计划。但我们这里涉及的只是一种样本。

第一步：新家庭每月经济预算

总项	分项	丈夫	妻子	小计	备注
收入	薪金				
	奖金				
	其他				
	总计				
固定支出	奉献／捐款				
	税收				
	交通费（上班）				
	交通费（其他）				
	餐费（上班三餐）				
	餐费（在家三餐）				
	餐费（出外就餐）				
	供养父母				
	保险				
非固定支出	牙齿保健				
	医疗保健				
	进修				
	理发				
	化妆品、衣饰				
	个人零用				

二人共享	分项	二人	小计	备注
	居所租金／分期付款			
	管理费			
	差饷			
	电费			

	水费			
	煤气／石油			
	其他			
	储蓄			
	消遣（报纸、杂志、书籍）			
	娱乐（电影、郊游、其他）			
	与亲人聚餐			
	亲人礼物			
	交际			
	银行户口			
	其他			
总收入				
总支出				
盈余／赤字				

第二步：

1.从上面的清单上，写下你认为能让你感觉到快乐和幸福的必需开销。

2.检查一下你的收入和财产，尝试着创建你们各自的预算，并做一个家庭共同体的预算。

3.共同制定出一个支付账单的计划，决定由谁来付钱，什么时候付钱以及由谁担任“财务主管”平衡收支。

4.共同讨论你们各自的清单和计划，首先寻找共同点，然后告诉对方：(1) 哪些是必不可少的需求，(2) 哪些是可以妥协的，(3) 哪些是可有可无的。

5.确保你们共同制定的计划的执行成本最小，你们可以以年度或者以季度来给计划一个限期，确保当你们的需要和环境发生改变的时候，你们可以再次讨论这个计划。

6.将讨论的主题确定为——如何帮助你实现“必不可少”的需要，同时确保该需要对家庭是“无害”的，甚至，进一步说，是有益处的。不想出好办法就要一直讨论。

7.如果有必要，你们还可以跟对方解释一下，为什么这个需要对你来说是非常必要的。

比如你现在处于事业的发展期，可能会经常参加一些培训，这些培训可能动辄花费上万元，那么你就需要跟你的伴侣解释，为什么参加这些培训对你来说如此必不可少，而且这么做能对你和家庭带来什么。也许因此你和你伴侣的出游计划需要受到限制，那么你们就需要就此进行探讨，如何做才能让你们的需要都得到满足。而伴侣则告诉你，在他的清单里，有钱出去游玩对他来说很重要，这是最让他感觉到有幸福感的事。那么下一个议题是，你可以做什么来补偿对方因此受到的损失。很多夫妻是不在这个方面进行讨论的，因为他们害怕发生冲突而伤害彼此的感情。但事实上，如果你们不在一开始就关注到彼此的满足，那么你们的感情最终会“千里之堤，溃于蚁穴”。

婚姻的安全在于我们每一步的安稳，每一步的安稳在于我们自己能随时在婚姻关系中体验到自己的收入大于付出。所以重要的是我们能确保在感情尚好的时候就“摊牌”，而不是在忍无可忍的时候再“秋后算账”。这就是用“理财”的意识处理情感问题，把情感当成我们的资产，经营得法，我们才可以不断满足每个时期的需要。

第三步：谋划你们的金光闪闪的未来

1.想象一下你5年、10年、20年或30年后的生活，你理想的生活状态是什么？比如有的人想要在10年后实现财务自由，有人想要在5年后移民海外等等。

2.你最想避免的家庭经济危机是什么？比如有人会担心自己退休后没有足够的资金生活，另外一些人则害怕他们没有办法资助孩子留学。

3.分享各自的理财梦想。先求同，看到你们的共同点，然后存异，告诉对方，为什么这个梦想对你如此重要。

4.你们需要的是形成一个大家都乐意实现的理财长期计划。

当夫妻存在经济分歧的时候，也许不用遵照我的这三步走，你们也可以有自己的一套，但有一件事是必须做的，那就是你们需要有一个比较认真的讨论，而这个讨论是作为一个团队进行的，而不是最后变成辩论会。

比如方方最喜欢的莫过于购买各式各样的香水，她是香水达人，而平则认为家里的香水已经堆积如山了，这完全是浪费资源。他更愿意把钱花在更新他的越野车配件上。同理，方方觉得平在越野车上的热情实在太过火了，这比香水更耗费金钱。

经过如上讨论，他们明白了两件事：1.他们有多少钱，2.他们无法说服对方放弃自己必须花钱的项目。于是他们做出了一个决定：开办四个存款账户，每人各一个，还有一个公共账户以支付家用，最后一个是为儿子准备的教育基金。之后他们一度斗气式的月光行为终于告终，同时也开始确定共同的家在彼此视野里的重要性。最终平决定，削减自己一半的预算，这是他冷静之后做出的决定，因为此前他们沉浸在无休止的争吵中，没有机会好好考虑个人爱好对家庭意味着什么。

湘和为民的故事更复杂一些，他们的钱有三个流向，第一是给孩子留学的基金，第二是他们想要买个更靠近市区的房子，第三是为民的妈妈得了老年痴呆，需要进入特护医院，这也要很多钱。

为民是家里的老大，一直以来，他都觉得供养母亲责无旁贷，但他忘记了这也是他的弟弟和妹妹的责任。而湘和为民的冲突总是在这个地方，她指责为民为了自己的母亲可以牺牲他们的小家乃至自己的儿子的未来。

这使为民更充满愧疚，好像他要为了自己抛弃妈妈。

他们分别为这三个目标列出了先后的顺序，为民承认，孩子的未来是第一位的，为此他必须要学会跟自己的弟弟和妹妹一起商讨如何共同出资供养母亲的计划，而他们买房的计划则要推迟几年。同时为民也决定跳槽到一个他一直向往已久的公司，如此他的薪酬可远高于现在。

为民承认，这是他们第一次用填表和回答问题的方式解决家庭问题，以前，一看到妻子愤怒的眼神，他的脑子就乱了，毫无疑问，当他回答5年后、10年后自己想要什么样的生活的时候，他有一种动力开始想要突破自己了。

当然，也有人无法真正解决分歧，也许分歧会一直存在，但比分歧更重要的，是面对分歧的态度。

6. 家居生活

其实，我们的婚姻＝金钱＋娱乐（包括性＋沟通交流带来的愉悦感）＋家务活。

家务活涉及的是什么？有人说，家务活涉及我们是否感觉到公平和协作。也许是有道理的，但在我的视野里，家务活与尊重和认同有关系。

家务活矛盾第一种：爱家务vs厌家务

凡事都要讲求中庸，极致了就容易出问题，所以你不要以为有一个人爱做家务就是一种幸福。

起码薇不这么想。

薇崩溃了。这个晚上，她本来想给海一个惊喜。结婚三年了，她一直背负着懒媳妇的罪名。海有洁癖，而且有些强迫症的倾向。

这次，薇提前回家，把地擦了三遍，全家上下都收拾了一遍，边看菜谱边做了一桌子菜，这已经是她从小到大第一次做如此多的家务了——足足花了她两个小时！可是海回来，看到一桌子的饭菜，先是一皱眉，然后再看看家里，表情复杂地站在当地，沉吟半晌方说："我知道你努力了，可是你看地板中央还有那么一块污渍，还有你的饭菜明显有些糊味，沙发罩也铺反了……"说着说着他就开始忙活起来了，足足一个小时才算罢休。

薇崩溃之余，反而轻松了——反正，自己已经做到极限了，但依然还是无法达到海的标准，那么她就放弃了。

朋友都羡慕薇有这么爱做家务的老公，但却不知道，有这么一个超级爱做家务的老公，对薇来说是多大的压力！她感觉这个家简直就不是她的家，因为老公已经把她视为“四害”之首，她所到之处都是老公的抱怨。她感觉，这个家只是老公的家，自己就好像是二等公民。而对老公海来说，也有一肚子委屈。一个干净利索的家有什么不好，为什么妻子就无法做到尊重他的劳动成果，也为营造一个美好的环境而努力呢?

这种爱家务vs厌家务的另外一个变种是“相安无事型”的。这种类型看上去似乎没有任何问题，但直到有一天，热衷于为家庭付出一切的妻子发现丈夫金屋藏娇，而且在那个“外宅”里，他是一个服务型的丈夫。这种关系里，妻子以为自己的付出可以换来丈夫对自己的爱，而且丈夫为工作奔忙不做家务似乎是理直气壮的，但他们之间的问题只是被搁置了。他们的婚姻似乎都找到了一个足够好的理由，让他们可以慢慢地把婚姻的实质虚化。他们都在做社会所认可的事情，丈夫努力工作、赚钱，妻子相夫教子，一心做贤妻良母，安守本分，无欲无求。但事实上，他们其实在用这种方式让婚姻慢慢死亡。其实，家务活只是一个象征，象征着一个男人在这个家庭的角色和位置，甚至关于家务活的讨论也是一个丈夫在这个家庭中的角色所赋予的一种需要。当一个男人在家庭中日益被边缘化的时候，这个家庭从功能上已经不再需要他了。这是一种隐形的攻击，妻子通过让丈夫在家庭事务中的“靠边站”，默默地攻击着丈夫，也在默默地寻求一种妥协，但这种妥协造成的后果很可能是让妻子成为一个符号，因为丈夫在家庭中感觉不到妻子对自己的需要，也在这个家庭找不到自己的位置。需要强调的一点是，这个局面是夫妻共同配合的结果。

于是这样的妻子会发现，一向工作繁忙的丈夫居然可以有那么多时间悉心呵护另外一个女人，而且为她做了那么多体贴的“家务”。似乎丈夫不是一个没心没肺的糙男人，他很居家，很细腻，只是针对的那个人不是自己。

这就是一个悲剧，悲剧在于妻子将家庭变成自己的巢穴，而不是夫妻的巢穴，而丈夫也是将家日益当成旅馆，失去了为这个家庭在实质意义上的付出，这种付出，比起赚钱更能让人感觉到诚意和真心。

家务活矛盾第二种：厌家务vs厌家务

璐对江的要求很简单，那就是晚上洗衣服的时候，把洗衣机里的衣服拿出来晾一下，帮家里交一下煤气费和电费，还有就是当她出差的时候，江起码可以做到洗衣服、擦地和刷碗。但三年了，江从来没有做到过，最夸张的一次是当璐出差回到家后，发现屋里有一股怪味，结果她发现，家里七天的垃圾都没有倒过，水池里的碗筷堆积如山，而且起了霉！不用说卧室了，简直满地都是衣服，无法下脚！

璐其实在自己的原生家庭也是一个独生女，从小也算是被娇宠长大，她对家务的态度也是不享受的，也试图忍着不做，但最后发现她的耐性不如江，一个星期没回家，她发现江可以把家弄成猪窝，最终她还是不情愿地做起家务。甚至有一天，家里停电了，一问才知道，江一直没有交电费。而江则认为璐是小题大做，在一片黑暗中，他听见璐在哭，他想告诉璐明天就去缴费，但璐说："你已经说了几万次明天了，看来我们是没有明天了。"最终，他们离婚了。

这种"大懒支小懒"的状况，有时也可以有另外一种变种，那就是夫妻双方都不做家务，家务活由照看孩子的父母来做。有的夫妻甚至干脆住在父母家里，看上去就像是两个没有长大的孩子，一直需要自己的父母照料，他们成了父母的"生育工具"，他们的存在只是为了把自己的孩子献给父母。这么说有些毒辣了，但事实上，他们的确长期停留在孩子状态，而没有进入到做夫妻乃至做父母的状态里。这种情况很难长期维持，因为人终究还是要长大的，不管你愿意不愿意。

我们在家务事上的懈怠，其实在某种程度上也象征着我们在婚姻中的投入比较少，投入少不意味着需求少，我们的需求是定量的，只是看我们投注在什么地方。

当我们减少了对家庭的需要的时候，自然也就减少了对家庭的付出，这是一个循环，最终导致家庭变成一个空壳。当家成为摆设的时候，自然就无法在危机发生的时候发挥作用了。

家务活的文化

家务活要不要做，以及做什么和怎么做，其实都涉及了各自原生家庭的文化。比如有的家庭会认为男人做家务是一种软骨头的表现；而有的家庭会倾向于认为女人做家务是一种没有尊严和地位的象征；有的家庭会认为修灯泡、扛大米是男人的活，而洗碗拖地是女人的活；还有的家庭认为只有两个人一起做事情，才算是做家务，而一个人做家务则是一种没有支援和不被伴侣爱的表现……

当然这不一定是家庭的观点，可能只是来自原生家庭的观点。

比如端海是山东人，在他家，女人和男人吃饭是不同桌的，家务活是女人的事情，男人如果在家里做家务就是“妻管严”。他的妻子欧可不这么看，她的家里，妈妈就像个陀螺，爸爸一回家可以跷着腿看电视，衣来伸手饭来张口，而妈妈则根本没有休息，一直忙碌到欧睡觉。她从小就立志，绝对不要像妈妈那样，在家里像个女奴一样，受尽“自私”爸爸的欺负。所以当他们在做家务的时候，就会产生巨大的分歧。端海会非常惊讶，不知道为什么欧会如此苦大仇深地控诉他没有倒垃圾这件事。而在欧看来，这个场景勾出她过去看着妈妈受苦时的愤怒感。其实这时她愤怒的对象不是自己的丈夫，而是一个像她爸爸一样“自私”的男人。她最害怕的事情终于发生了——原来丈夫是翻版的爸爸。其实在很大程度上，我们都是在和自己的“假想敌”一起生活，因为当它出现的时候，我们会回到过去那种创伤的状态，所以我们会草木皆兵，很多时候，会因为这种恐惧而失去了现实感。但我们应该在恢复理智后跟伴侣讨论，为什么自己会对这件事如此在意，对你来说你最害怕的是什么。

除了家庭的文化对我们做家务活的观念产生影响外，还有社会上对家务活的定义。比如有一种说法是男女应该平等，现在大家都是双职工家庭，男人应该承担家务活的50%；还有人说，只有让男人做家务活，才能让他将精力更多地投入到家庭中，才能确保这个男人的心是在这里的。真的是如此吗？事实上，如果一个男人心不在家，并不一定表现为家务活做少了，而会表现为在家庭中的精力投入减少，夫妻之间的合作力降低，彼此获益的爱在减少。在多数地区，女人做更多家务还是一种普遍的倾向，但其实真正影响做家务的不是男人是否也该做家务，而是女人的这份辛苦男人有没有看到，有没有尊重，有没有在乎。如果一个女人感觉到男人在乎自己，而她又那么爱自己的男人，她会愿意为之赴汤蹈火，何况区区家务活？同理，也可以反过来说男人。

换句话说，只要你满足了对方的爱的需要，那么无所谓你做什么家务活。怎么满足？我们又回到爱的五种语言上，你是通过语言，也就是欣赏和沟通的言语满足对方，还是为对方做一些特别的事情，还是和对方有精心准备的优质时刻，还是让对方惊喜不已的一些小礼物？

如何沟通家务活

那么我们需要如何商量关于家务活的事呢？我们还是需要在大家都比较平静的时候，告诉对方，为什么我们会如此生气。

比如端海可以说："1.（提出话题——不是控诉对方如何不好，而是告诉对方自己想知道对方生这么大气的原因）我忘记倒垃圾这件事让我们这么争吵，我在想这是为什么。2.（谈论做家务活的文化）从我这边，我的家庭里男人基本是不做家务活的，如果做家务活，在当地会被认为是软骨头。3.（谈论分歧时候的心理活动）所以当我听到你在大声说我（尽量用客观的词汇，而不做任何判断，比如'指责'、'唠叨'等词汇）的时候，我首先就会想，如果我听你的话，岂不是会成为家乡人都笑话的那种软蛋男人？所以似乎是为了捍卫我的男性尊严，我也嚷了回去。4.（提出自己的困惑）所以我有些困惑，如何在做家务事上，既能帮助到家，又能让我感觉自己是个男人？"

而欧可以如此回应："1.（提出话题）我看到你忘记倒垃圾的时候，火一下就上来了，然后就失去了理智，我们大吵一架，我也在想，我为什么生这么大气？2.（谈论做家务的文化）在我家里，妈妈做了很多事情，累坏了身子，而我的爸爸则优哉游哉，我很替妈妈感到不值，也害怕会成为妈妈那样的家奴。3.（谈论分歧时候的心理活动）所以当我看到你忘记倒垃圾的时候，我的怒火一下就上来了，（谈论深层情绪，这一点我们可以在下一章详细阐述）但我实际的情绪是害怕，我很害怕从一个火坑跳到另一个火坑里。我害怕你成为欺负我的那个人，我害怕我像妈妈一样劳碌一生，却得不到任何一点温暖。4.（提出困惑）我的困惑是：如何在我们谈论家务的时候，可以不让这种恐惧控制我。"

如果你们能照此谈论，你们就向彼此敞开了心门，而不是无穷无尽地一味指责对方，你们就有机会在情感深度连接的时候讨论彼此在家务活之下的深层需要了。

当然也有一些家务活的分歧没有这么严重，但却也是因为彼此的不理解造成的。

比如对晓晴来说，一天拖地板四次是一件非常重要的事情，只有做完这件事，她才感觉这是她想要的家。但江海则觉得匪夷所思，他不喜欢家里潮乎乎的感觉，她最喜欢的就是光着脚在家里走来走去。而晓晴也无法理解江海对洗碗的极端爱好，别人刷的碗，他永远都能找出问题，他总会花很多时间在洗碗这件事上。

其实家务活各有所好，也没有什么不好，只是如果有一天晓晴有些累了，而试图让江海帮忙拖地时，江海有可能会用轻视的语气说："我才不做蠢事呢。"或者晓晴也会在江海洗碗的时候冷嘲热讽，说他是洁癖等。这样，家务活的差异就会变成情感的矛盾。他们同样需要进行上面那对夫妻的"四步对话"，让对方了解为什么做这件事对自己这么重要。

我们的很多分歧都源于太少倾听对方行为背后的理由和动机，而代之用自己的想法主观臆测，于是我们和很多假想敌进行战斗，唯独没有看看，那些伤害我们的是我们的"假想敌"，还是我们的伴侣。

试试用填表来管理婚姻。

(1) 家务安排

一般要处理事项：室内清洁、屋内维修、煮食、衣物清洁、记账、美化家室。

事项	自己责任	对方责任
每周室内清洁		
屋内维修		
煮食		
衣物清洁		
事项	自己责任	对方责任
记账		
美化家室		
安排活动		
孩子教养照顾		
其他		

(2) 时间安排

每人每天都只有24小时，如何有效安排上表的各项，并安排好工作时间、二人约会、休息、睡眠、进修等，一定要有心理准备。婚后时间可能更忙碌，更少时间相聚，故必须多些准备，千万不要让享受生活变成繁重的劳动。

事项	夫所需时间	妻所需时间	备注
上班工作			
平时每天下班后			
事项	夫所需时间	妻所需时间	备注
周日休假			
每月／每年休假			

(3) 生活习惯的适应

a.试把从每天起床后至就枕的一些习惯列出，并询问对方能否接受。

b.你们会如何适应。

7. 幸福婚姻的建立

五年计划

期望实现的重要愿望（例如：经济、房子、孩子、事业、爱情、家庭、个人成长……）。

为重要愿望而愿意付出代价（例如：参加恩爱夫妻营、定期约会、个别独处时间、传情达意、多些相聚时间、定时检讨彼此关系）。

很欣赏你们愿意花时间在影响你俩一生一世的大事上认真学习。

祝愿你们未来的旅程中，以爱、包容、宽恕、接纳共享一生。

LOVE

婚姻的自我肯定期：结婚第三、第四年

第四章

一、外遇，因为婚姻没能容纳全部的你

曾有一对夫妻来找我咨询，夫妻俩都风度翩翩。虽然年近不惑，可是两人身材保养得不错，看上去比实际年龄小很多。他们因为婚外恋的事情前来，可是当我和他们谈起来，却发现他们早已毫无交集，而且已经有将近5年的分居史了，事实上，婚姻的意义已经被这5年各行其是的生活耗光了。究其因，他们都是事业心非常强的人，为了事业，丈夫接受了援疆的工作，一去就是两年，回来时，妻子已经将注意力转向自己的公司，家被渐渐“旅馆化”。最终的出轨，对丈夫而言，也只是解除这段空壳婚姻的一个理由而已。

我猜这对夫妻，之所以不愿意再努力，是因为他们实在想要重新建立一个全新的巢穴了。因为旧的巢穴里，堆满了“灰尘”与“垃圾”，他们已经无力收拾了。

这个故事告诉我们，如果说“筑巢期”的主要任务是各自带着修建婚姻家庭大厦的“蓝图”讨论以取得平衡，那么“自我肯定期”的主要任务就是开始实打实地为两人的房间进行“装修”了。在这个时期，你最容易听到的话就是：“当初你追求我的时候不是这个样子。”或者：“当初我们一吵架你就会过来哄我，现在却不搭理我；当初我一说要离家出走，你就立刻堵着门，现在你把门打开……”这一时期，女人往往会觉得上当受骗，男人会觉得后悔懊丧。当你听到这类言论的时候，就会知道，他们彼此在“筑巢期”没有就“蓝图”进行足够好的沟通，也没有讨论出两全其美的解决方案。往往他们在这个时期还在运用“共生期”的解决方案：试图相信“如果爱他就要包容他”这类自我催眠的相处之道。这种相处之道只在“迷恋之爱”的时期是行得通的，因为那时双方都在共生的状态，就像连体人一样，如果我为你做事情，就等于为我做事情。但从“筑巢期”或者说“蓝图期”开始，双方就开始“解体”，但解体不意味着分开，很多人无法承认这一点，所以情感也就只能走到“共生期”就戛然而止了。

事实上，解体是必然的，因为我们不是连体人，我们是非常不同的两个人，爱情虽然很重要，但它不是我们人生的全部。举个例子，这个时期最容易发生“足球寡妇”的“悲剧”。每当4年一届的足球世界杯开始的时候，女人就会发现丈夫开始堂而皇之地夜不归宿了。她们会觉得非常不平：“当初你和我谈恋爱的时候，别说是足球了，就是你亲妈来了，你也不肯离开我身边一步，现在，你就抛下我独守空房，和哥们儿一起在酒吧里，谁知道你在做些什么？你不爱我了，你说你爱足球还是爱我？”或者男人忽然发现，女人开始喜欢和同事一起聚会，甚至忘记了这一天是他们的结婚纪念日，当然这些同事是她的闺蜜，但男人还是会吃醋，觉得妻子的心已经不在家了。

这个时期经常出现的另一个现象是婚姻进入了“无言期”。妻子经常会说：“我们感情很好，可是我们现在越来越没话可说，如果出差了，他也不会打电话回来。回到家，他就会把脑袋埋在手机上，连吃饭都不会抬头，大家各自拿一个IPAD，整夜都没有正眼看过彼此。”

这个时期双方也都规矩持家，但似乎很容易对彼此失去兴趣，此时正好妈妈的时间都会被小孩子占据，父亲就成为一种无言的背景，直到忽然有一天，妻子发现有些异样的时候，可能小三已经乘虚而入了。

很多人会归结，爱情一旦消失，就会发生一种“左右手之爱”的现象，冯小刚执导的电影《手机》里有一句经典台词：“我爱你就像是左手爱右手，平时不觉得什么，但如果要去了这手，那就太痛了。”这种感觉也有人称之为“相爱不相恋”，就是平常人说的“爱着爱着就成了亲情了”。可能很多人会告诉你：“婚姻就是如此，夫妻也就这么回事。你就不要奢望有什么感情了。就这么过下去，搭帮过日子就好了。”可是果真如此吗？婚姻如果不能带来情感的满足、慰藉和愉悦，结婚是为了什么？是为了和熟悉的陌生人在一起吗？

其实这种所谓的“亲情之爱”，在深层心理学的视角来看，是一种“二人关系”的重复。这个世界上一切关系的原型就是两种：一种是“二人关系”，另一种就是“三人关系”。所谓“二人关系”，说的就是“母婴关系”。在我们生命的早期，会和妈妈有一种“人身依附关系”，这种人身依附是指妈妈就是我们世界的全部，我们除了想尽办法从妈妈那里获得资源以外，别无他法。这种关系在我们生命的早期非常重要，因为如果没有这种母婴的共同体，可能婴儿就无法拥有基本的安全感；如果妈妈没有感觉到自己是孩子的全部依靠，就不会有很强的保护孩子的愿望。

但是随着孩子的长大，孩子需要和这个世界产生连接，因为妈妈的奶无法供给孩子日益巨大的身躯了，这个时候，就需要爸爸带着孩子走向世界以获取人生需要的资源。可是很多时候，不是每个人都可以顺利地走到“与世界连接”的阶段。很多时候，我们会走到家门口就无法走出去了，可是回去也很难了，于是我们一脚在门里，一脚在门外。当我们把感情过成亲情，我们可能就会把妻子变成了妈妈，或者把丈夫也变成了妈妈。总之，当有些人在过往的生活中没有获得足够的母爱，或者没有足够好的父亲榜样，让这个孩子对外面的世界有足够兴趣的话，他们对外面的世界就会存在两种心态，一种是渴望走出日益憋闷狭小的恐惧，一种是害怕受到伤害。

所以这个时候，当这些“2.5关系主义者”被外面世界的人拉出去的时候，他们会感觉到一种释放和自由，他们似乎可以离开原生家庭，幸福快乐地过上自己想要的生活了。但事实并非如此，因为真正的离开是自己独立地把脚从门槛里迈出去，而不是靠什么人来把自己拉出去。在某种程度上，这也是一种拔苗助长，因为一个人卡在门槛处，是因为内心还有一半是属于母婴关系的“共生状态”。所以当这样的人结婚以后，他们会发现当年的问题又复制出来了：一方面他们会在关系里呈现出婴儿的状态，吸引对方变成自己的“妈妈”；但在另一方面，他们又会感觉到这种关系的窒息，于是他们必须要做一个选择，要么冷冻自己对于外面世界的渴望，乃至最后甚至冷冻自己对母爱的渴望，要么试图再找一个可以帮自己走出这个家门的人，希望自己可以同时穿梭于门里与门外。

如果这个循环进行下去，你就会看到这个婚姻要么死于冰冻，要么死于反复折腾的关系，这个人总是无法稳定在一个关系中，总是有第三者的存在，但却又无法离开家庭。

那些持“左右手主义”的人，其实就是站在“2.5”个人世界的边缘。

深层心理学的解析告诉我们，之所以将婚姻的这个时期定义为“自我肯定期”，是因为在这个时期，我们试图在一个新的亲密关系中，寻求跨入到新世界的可能，只是有意思的是，我们只会用二人世界的方式来解决我们需要三人世界的问题。比如我们压抑自己的需要，让自己重新变成孩子或者自我牺牲的妈妈；比如我们可以偷偷地“逃学”或者暂时地“离家出走”，那是因为我们发展到了需要呈现我们内心的另一部分自己的时刻了。很多人会非常哀伤，觉得这是因为我们不够爱彼此了，但事实是，我们已经到了需要拓展爱的疆域的时刻了，不是我们的爱消失了，而是我们的爱在长大。

很多婚姻在这个时候也走到了一个关键的转折期。因为很多人的心态还停留在“共生期”，无视我们的关系需要拓展，我们需要将更多的自己放到关系里，而不是一半身体在屋子里，一半身体在屋子外。我们能做的就是两件事，一个是将自己在屋子外面的部分切除，一个是重修屋子，拓展空间，让更完整的自己回归屋内。

但说起来容易，做起来会很难。

因为这需要我们做很多加深情感深度的工作，这也就意味着我们需要做一些以前从未做的事情，意识到以前从未想过的事情。这不是在我们已经了解的层面做工作，而是要从我们以前很少触碰的地方开始。

二、结婚，是为了成为更好的自己

如果说以前我们是在“冰山之上”进行工作，那么现在我们就要下潜到“冰山之下”。我们的所有工作首先是关于“情绪”的。在关系处理中，情绪是最被我们忽视的。我们往往会在沟通中遇到两类问题，第一类是过度防御，以至于让自己完全成为冰人，在关系中撤离；第二类是过度求索。前者可以称之为“回避退缩型”，后者可以称之为“矛盾焦虑型”。

这两种类型可以涵盖大部分的夫妻关系。简而言之，就是夫妻关系中总是有一个在追，一个在逃。当然追和逃的幅度可以有区别。

先来说回避退缩型人。

对“冰人”来说，人生最大的恐惧莫过于被“吞噬”。被什么吞噬，被他们所恐惧的“致命”情绪所淹没，所伤害。不如我们讲三个例子，这样便于我们理解冰人。

第一个例子：关于好孩子

有一种人，从孩提时就在精神上经常感觉到自己被入侵，比如当他饿的时候，妈妈告诉他他不饿；难过的时候，妈妈告诉他不应该难过；当他想要吃好东西的时候，爸爸会告诉他这种想法是罪恶的，因为这是不好的孩子的行为，是不被允许的。或者因其他原因，在爸爸妈妈面前他总感觉自己是羞耻的、内疚的、罪恶和恐惧的。久而久之他发现，顺着别人的心意做事情才可以减少这种挫败感和被入侵感，于是，他可能从小学习就很好，之后工作也很炫目，是同龄人的榜样，但这都不是他想要的，他最想要的就是没有任何人再来麻烦他了，因为从小到大，他都在做很多自己不愿意做的事情，忍受很多不愿意忍受的事情。而这么做的所有动机都是让自己拥有自己可以支配的内心空间。与有这种经历的人在一起，配偶会在“自我肯定期”非常惊讶地发现，自己的爱人也许很温柔，但其实不是真正情愿为自己做所有的事情。

第二个例子：关于坏孩子

还有一种人，他们从小就被自己的父母指责，看不起，他们被说成是败家子、父母的耻辱、家族的毒瘤，是最不被抱以希望的那个人。总的来说，他们看上去满是缺点，同时他们对此似乎毫不在乎。但从本质上看，很多不负责的人，其实他们的问题不是不负责，而是从小就过度负责。他们负责什么？负责承担父母的情绪垃圾，在一个家庭里，总是有装点门面的需要和处理很多负面情绪的需要，比如家里的老大是负责装点门面的，而老小负责承担“下水道”的功能。这样的孩子从小就要承担父母的种种恶言恶行，甚至有的孩子为了不让父母吵架，有意无意地搞出事情来，好让父母可以联合成统一阵线讨伐自己，以此消除父母之间矛盾的火苗。这样的孩子其实考虑的都不是自己，而是家庭能否稳定运转下去，这是典型的过度负责的人格。表现在婚姻里，他们会用一种相对疏远的方式去寻求自己内心的安定。

第三个例子：关于孤儿

饿了、尿了、痛了，婴儿都会哭。但如果他的啼哭总处于一种无回应的环境，那么孩子的选择有两个，一个是哭破嗓子，不断地呼救，当然，这是一件耗费能量的事情；第二个选择就是冰冻自己的需要和愿望，疏离关系，放弃索求。这样的人在他们的人生里，主要的敌人就是自己的“需要”，以及一切有可能融化他冰冻内心的关系。

这样的人给人的总体印象是与人为善，以及消灭一切冲突争端。因为对他们来说，冲突是最可怕的，他们无法承受任何冲突。或者他小时承受了太多的冲突，一旦冲突发生，会激发出他很多关于关系的需要。总之，他们会为了避免冲突做一切事，给人一种“和善”、“温柔”、“体贴”与“包容”以及“稳重、成熟”的印象，但事实上，真正的他和这些品质有一些距离。距离就在于，真正拥有这些品质的人，会以一种相对享受的方式展现这些特质，而这些人表现这些品质的时候，会带着一种相对被动和一些难以察觉的不耐烦乃至厌烦。在迷恋之爱的阶段，这些特点很难觉察，但细心一些还是可以发现的。那就是看他们行动的主要目的是真正和你共享快乐，还是为你做所有你需要的，以避免你去麻烦他。这是一种典型退缩回避型。

有意思的是，其他类型的人，尤其是矛盾焦虑类型的人是很难理解退缩回避型的人的，因为这在他们看来，就是“不再爱”的证据。他们也许会说：以前你不觉得麻烦，为什么现在觉得麻烦，因为你不爱我了，所以……但事实上，其实对方并未改变，只是热恋时双方还有能量去付出和牺牲，但到了自我肯定期，一方面你们之前的迷恋之爱已经消耗得差不多了，另一方面，这一类型的人会开始探索他们一直渴望在关系中实现的——拥有自己，这对他们来说是人生中第一重要的目的，而这目的和其他类型的人其实一样，都是试图在亲密和自我之间寻找到某种平衡，如果我们从这个终极的角度看问题，就会更容易保持相对平静的心态，一起探索亲密与自我之间的种种张力和矛盾冲突了。

现在我们开始说第二种人：矛盾焦虑型的人。怎么形容这种人呢？举个例子：如果一对恋人约会，一个人到了，另一个人迟迟未到，手机也不回。那么等的这个人如果是“不安全依恋类型”就会这么想：“他是不是不喜欢我了？他是不是要和我分手了？他是不是被车撞死了？”此时如何应对？如果是回避退缩型的人，他会就此放弃，不再打电话，默默离开；而矛盾焦虑类型的人会施展连环夺命call，一定要和这个人联系上不可。对“矛盾焦虑型”的人，他们最害怕的就是一切都离他远去，自己被抛弃，被忽略，被放弃等等。对他来说，这就意味着死亡。

顺便说一下，遇到这种事，有“安全依恋感的人”首先会想到的是，对方是不是因为什么不可抗力无法和自己联系上，他们不会一下就考虑到关系破裂的可能。对“不安全依恋类型”的人来说，他们会一直生活在担心关系断裂的边缘，所以一旦有风吹草动，就会感觉到崩溃的危险。

现在又到了讲例子时间了。

第一种小孩：卖火柴的小孩

这种人可能生活在关系相对疏远的家庭里，可能家里的大人都比较缺乏情感，而他是家庭中最有情感的那个人。因此他必须活跃起来，让情感相对冷淡的父母也活跃一些。比如一个家庭生活得很艰难，父母难得笑脸，那么这个孩子可能会不停地叫妈妈或者和妈妈说话，于是悲伤的、寂寞的、冷漠的妈妈会偶然笑一下。从此以后，这个孩子会一直努力争取妈妈的笑容，同时当然也就一直生活在对冷漠疏远感到恐惧的记忆中了。

第二种小孩：战乱中的小孩

这种人从小就生活在情感浓度非常高的关系里，可能父母的脾气很火爆，他们常年争吵，也对孩子很凶。孩子渐渐地发现，只有自己也成为暴脾气才能保护自己，而且争吵似的交流在他们家里是一种正常文化，以致可能这个孩子觉得天下所有的家庭都以这种方式交流。这样的家庭长大的孩子会很怕示弱，因为在这个家庭，你必须随时准备攻击，稍微“娘”一下，就会被家人无情嘲笑。这种经历会造成很多心口不一的人，就是所谓刀子嘴，玻璃心。

第三种小孩：孤儿

这种人儿时可能有过被抛弃的经验或者恐慌，或许他们虽然没有亲身经历过，但作为旁观者，他们目睹了自己的父母是如何被另一方抛弃或者彼此抛弃的。这使人深深感觉到，一旦别人离开自己，自己就会确定无疑地毁灭。因为害怕毁灭，所以他紧抓不放。

在这里，我们可以了解到这两种人是如何的不一样：回避退缩型的人，最害怕的是别人的靠近，一靠近，他就感觉失去了自己，如同冰在烈火中变成蒸汽一样消失掉，或者被深深地伤害；矛盾焦虑型的人，最害怕的是别人的离开，一离开，他们就感觉自己好像不存在，如同失去了热源，而要在冰雪中冻死一样。

然而有意思的是，这两种人往往是我们在婚姻关系中最常见最主流的配对，因为，真正安全依恋型的人很少，而更多的人多少都有这两种状态。因为他们正好相反，反而像阴极阳极一样互相吸引。对回避退缩的人，他们排斥靠近，并不意味着内心不想要被靠近或靠近别人，他只是因为害怕被伤害才会退缩；而对矛盾焦虑型的人来说，他害怕疏远，但不意味着他们不希望有自我的存在，他只是因为害怕被抛弃而不得不放弃了自我。

他们在彼此身上发现了自己无法承认也无法忍受的另一个被深深压抑的自己，这种寻找其实意味着我们希望通过这种关系来释放另一个自己，一个无法面对的自己。

可能这就是我们所说的纠结和矛盾。纠结的根源在于爱恨交织，在我们需要的同时，我们又在排斥；在我们推开的同时，我们又在渴望。或者说我们用推开表达渴望，用渴望表达推开，这就是传说中的“拧巴”。

想必你也知道了，自我肯定期其实是两个人关系最关键的时期，是我们在亲密关系中寻求钥匙的重要时期，在某种程度上讲，关于爱情，迷恋之爱那种你侬我侬只是饭前的甜点，而现在才是正餐的时刻，这个时刻的关键在于，我们是否能从对方身上找到面对另一个自己的能力，我们能否内化对方的特点，让它成为我们内心的一部分。

一言以蔽之，不是说你和一个亿万富翁在一起，你就是贵族的一员了，你要做的是真正成为一个“有钱人”。这不是用钱堆出来的。

换句话说，我们进入婚姻关系最本质的需要就是：成为自己，尤其是那个我们之前无法也不敢成为的自己。而这必须通过两人共同修炼才能实现。

这个时期的我们经常的一个误区是试图靠自己一个人解决问题。曾经有不少人问我：“我已经饱读心理学的经典，知道什么叫作精神分析，什么叫作恋父情结，我知道他的原生家庭不好，所以才会让我也承受了这些苦难，我了解了一切，可是我还是在关系中不知所措。”或者他们会跟我说：“我的父母已经老了，让他们改变是不可能的了，那我该怎么办？”我们试图一个人解决，或者试图回到父母那边，让他们改变，这都是在原来解决问题的框架中工作，如果没有新力量的进入，一切都只是在自我循环。

亲密关系有两条主线：一条主线是融合，一条主线是分化。前文多次说过，在感情的初期阶段，融合成为我们主要寻求的目标，我们需要一种融为一体的感觉，这会大幅度地消灭寂寞和空虚，让我们感觉到我们自己是有归属有连接的，我对一个人很重要，有一个人也对我很重要。你会从这种连接中，从四目相对的狂喜和陶醉中感觉到自己的存在，这类似于母婴关系中，婴儿因为妈妈的注视而感觉到自己是被人喜欢的，被人爱的。

但这只是我们存在感的一半，另一半则是孩子在父亲身边实现的存在，这种存在就是让我们自己和这个世界有连接。也就是说，通过和这个世界有联系而感觉到自己的存在，通过探索自己而感觉到存在。这个时候，我们会问自己，什么是我想要的生活？我是谁？除了亲密关系中的我，独立的我是谁？重要的是，亲密关系的这两条线并不敌对，融合不等于控制，自我的空间不等于自闭。

我们对自己空间的探索不一定要以排斥他人为代价，甚至可以说，如果你的空间是以离开其他人为代价，这个空间一定是虚假的。比如一个人如果需要感觉到自己的存在，那么可能会放弃原有的稳定，选择做自己喜欢做的事，无论在事业上还是在娱乐上，这个是一个人寻求自我空间与外界平衡的一种能量交换，面对这种变化，另一半如何应对是这个时期亲密关系质量的关键。

比如一个男人忽然告诉自己的妻子，他想要辞掉现在旱涝保收的公务员工作而要去做一个股票的操作手，可能对妻子而言，是无法理解的。因为妻子可能还没有到“自我肯定期”，她可能不知道，对丈夫来说，这个决定对他的存在意义来说意味着什么，这意味着他要选择一个自己真正喜欢的事业了，而此前，他一直都感觉到自己在虚耗生命。而他之所以容忍自己过了十年这样的生活，是因为从小他的父母就一直在他耳边唠叨，如果不循规蹈矩地过日子，下场会如何惨，所以他会将自己的梦想一直遮盖住，试图按照所谓的“普适”的轨道走完一生。妻子无法了解，这些年来丈夫是如何与自己内心的两种声音相处的，一个是保守的自己，一个是激进的自己。这时，妻子往往会站在其中一方，于是她就陷入丈夫内心的自相矛盾之中。如果她嫌丈夫太窝囊，一直过这种不如意的生活，没有男人的野心，那么丈夫就会感到一种愤怒，因为这正是他自己所反感的；如果她觉得丈夫疯掉了，将家庭置于险境，那么丈夫就会觉得这是另外一个妈妈在否定他。明智的妻子会试图理解丈夫矛盾的两个方面，这样丈夫就会觉得妻子在最深处和全部的自己相遇了。

在探索自我的阶段上最容易走的一个误区，就是往往会走极端。从极度的没有自我，到极度的彰显自我。就拿上一个例子来说，可能丈夫因为从小就饱受妈妈的唠叨，深受妈妈焦虑的困扰，而产生内心的防御机制，那就是会内化妈妈这种对外面的世界充满恐惧的自我。于是，在他想去寻求探险的时候，总会有一个声音或者假想敌来反对他，为了抗争，他可能会让自己寻求自我的力度升级，于是从一个极端走向另一个极端。

可能这个时候，他会不顾妻子和婚姻家庭的利益，完全追求自己想要的，因为对他来说，他觉得一旦考虑妻子和家庭的需要，他就又会被拉到自己最不想要的位置，这是他完全不能接受的。于是妻子本应该是他的盟友，但在他眼中却是一道障碍。

这往往是因为他过去压抑得太厉害，所以才会选择最激烈的方式展开他寻求自我的生活。但他未必知道，当他牺牲掉其他人的幸福，就算找到了自己所谓的自由，这种幸福也很难持续，因为别人一定会反击，这反击最终会让他重新陷入争取自由和别人妨碍你自由的冲突中。其实自由的意义是在于你可以和周围的世界进行平等的交换，这是“自我肯定期”所要完成的一个重要的任务：如何在与他人交换的前提下，自我实现。

很多人那种先搞事业，牺牲家庭几年的想法是有问题的。这就好像你年轻时候以身体为代价赚钱，然后老年的时候用赚的钱给自己治病一样，也许你需要考虑的是，如何让家庭成为事业的助力，在你的时间规划里，有没有留给自己家庭的空间？那些过度将工作泛化到生活所有层面的人，最后往往也没有办法搞好工作，因为他生活在高度的焦虑感中，一个将生活过得只有事业的人，是一个没有边界的人，在某种程度上也是一个没有自我的人。

在这方面，女人似乎对事业没有太多的想法，但，在男人热衷事业的时候，女人则经常会陶醉在孩子的世界里，因为她认为这是她最想做的事。但事实上，很多时候，女人在用孩子掩盖自己很多未能解决的问题，比如在事业上，女人感觉到自己似乎遇到了“玻璃天花板”；在情感上，她也似乎遇到了比自己丈夫更好的男人；这时她们选择做母亲，试图在新角色中获得幸福与成就，但，一个母亲并不能满足女人想要的全部，事实上为了做母亲，有的女人没有享受完小女孩的需要，有的女人没有享受到成为一个妖娆女人的感觉，有的女人不能承认自己其实还是很需要自己的私人时间的，有的女人从原生家庭到学校，然后认识男朋友，毕业以后直接结婚生子，倏忽十多年过去了，回首过去，她忽然发现自己少了一个单身的年代。单身，意味着一个人处于选择之中，而她的生活则缺少选择，一切都是送上门的，无论是学业还是自己的老公。这对某些人会是一种痛苦，那就是感觉不到自己的存在，除了自己的老公、父母和孩子，她几乎没有自己的朋友圈、社交圈，没有过“第三方”的世界，所以她的家就是她的全部。这样的女人会有一种无形的危机感，它可能一直潜藏着，直到自我肯定期才会显现出来。当她发现老公在探索自己的世界时，才惊觉自己的世界几乎是一片荒地。这时她会面临一个选择：1.对自己的世界开始充满兴趣，开垦这片荒地；2.对自己的世界充满恐惧，更加紧抓住现有的一切。如果是前者，她就为自己拓展了生存的空间，她的情感将有更大的容器容纳，她已经发展了彼此的世界；如果是后者则会有两种可能，一种是他们的婚姻会充满了痛苦的张力，另一种是婚姻无法容纳这种持久的压力而解体。

在这一阶段无法相互内化的夫妻，会日渐发现彼此已经无话可说。其实不是无话可说，而是他们无法在更深处达成共情，只能在生活的表层上交流一些信息，而非真正彼此理解。很多人认为，这一时期双方的情感已经没了，但真正的肇因是这个时期我们关系中的彼此正在单方面发展自己的世界，或单方面停滞着，当各自发展过的双方再次相遇，会发现双方或其中一方已经变了，这时的关系必然是失衡的。但，如果双方在发展的路上，有互动与理解，那么找到自己的双方就能使关系更进一层。

三、自我成长时，别把另一半当敌人

“自我肯定期”是婚姻的一个关键转折时期，这个时期的关键在于我们都开始撕下温情脉脉的面纱，呈现出我们的另一面，这是考验婚姻是否有足够好的“进化”能力的时期。很多人会在这个时期不得不离开婚姻，这就好像是在玻璃瓶里养乌龟，乌龟长大了，可是玻璃瓶没有长大，于是玻璃瓶碎了，乌龟也被扎伤了。有的乌龟试图把自己压缩，不许自己长大，结果让自己深受内伤。其实不是婚姻的错，而是我们没有努力让婚姻和我们一起长大。

那么我们应该如何让婚姻也拥有更大的空间，承载更多的彼此呢？

首先，我们来分析下慢动作。遇到老虎的时候，你会有何反应？绝大多数人会有两种反应，一个是转身就跑，一个是呆住，腿软了，一动不动。老虎会给我们带来什么？是死亡的威胁，这会给我们带来极大的焦虑，这种焦虑足以像十级风浪一样覆盖住你所有的理智。人脑有两个部分应对外界的刺激，一个是杏仁核，一个是大脑前额叶皮层。杏仁核是负责应急的，它更多的是用本能和条件反射应对危机，而大脑前额叶皮层则负责处理更复杂的事物。所以在遇到大老虎的时候，我们不会运用到大脑前额叶皮层这部分，因为我们没有时间想，这是老虎，是危险的还是不危险的？是公的还是母的？是野生的还是家养的？……我们不仅没有时间思考，而且，是我们经验的极限，如果我们是打过老虎的猎人，这对我们来说是家常便饭，那么我们就可以更多运用大脑前额叶皮层做出一些判断：比如这个老虎有多大岁数，是饿着的还是吃饱了，它发现了我没有？如果我要反抗，该怎么做？如果我要跑会有什么后果……但如果我们经验里没有经历过见老虎，或者被老虎咬过，那么我们的反应就会变得非常过激。

如果把婚姻危机比作老虎，那么，危机中人用杏仁核做出的应急反应大概有以下几种。

攻击：其特征就是一被踩到死穴，就会爆发，在爆发的时候，一点没有沟通的余地。比如张林只是笑话许菲胆子太小，不敢面对老板的责难，许菲就大发脾气。因为许菲从小到大生活在妈妈的冷嘲热讽里，这种从来没有得到认可，总是感觉自己很差劲的感受，是张林没有体验过的。他不会了解，许菲的痛苦在于：“我之所以爱你，就是因为你不像我的妈妈那样嘲讽我，现在连你也嘲讽我了，我对你是不设防的，我不知道是否以后你也会像我妈妈那样让我生活在风刀霜剑之中？我害怕，所以我愤怒，我不想屈服于这种嘲笑了，我要让你停止这样做，永远不要嘲笑我！”每个人大概都会有自己独特的死穴，我们的杏仁核会在这个死穴被触发的时候，立刻成为脑部最优势的神经部位，让我们具有攻击性，不惜一切代价捍卫自己。

逃遁：有些人不会攻击，而是会逃跑。比如林娇最害怕听到丈夫徐巍的声音变大，只要丈夫一喊，她就蹲在地上，泪水默默地流下来。她的害怕来自过去爸爸打妈妈的那些恐怖的记忆，而巨大的声音则是那些悲剧发生的前兆。一听到这大喊声，她就想要夺门而去，想要关上房门离丈夫越远越好。

筑墙：有些人既不会攻击也不会跑，而是进入一种“木僵”状态，好像他失去了感觉。每当妻子说林涛的时候，林涛就立刻进入“休眠”状态，他也不知道自己那时在想什么，就是自动走神。妻子发现丈夫居然对自己的控诉无动于衷，就更愤怒了。她冲上去抓林涛，直到见血，林涛才回过神来，发现暴怒的妻子，他惊恐万状，然后跑出去，一夜未归。在外面转悠的时候，他又进入到了无知无觉的状态中去。因为小时候父母一吵架，他都想象自己是墙壁，没有任何反应，他能做的就是最好不要动，不要惹祸上身。渐渐地，他好像真的没有任何感觉了。这种无反应会刺激妻子用更愤怒的话语去刺激到他有反应，然后他再用更大的力气把这种刺激适应为无知觉，于是他们的婚姻就进入到一种危险的循环中去。

这就是我们在冲突中杏仁核会采取的三种方式：攻击、逃遁和筑墙。当然这是三个基本招数，有些人会将它衍生出不同组合。有的人是先攻击再筑墙；有的人是先逃遁，在逃无可逃的时候就攻击；有的先筑墙，在城墙被攻破的时候，可能会逃遁，也可能会攻击。所以同样是攻击，我们可以看到，背后的原因是不同的。

比如对于以逃遁作为原始动机的人来说，他们的攻击只是为了维持距离、保留自己的边界与足够的空间，这种攻击在他内心是一种斥力。有些时候，男人的家庭暴力是因为在语言上无法让女人停止攻击，而动用了最原始的攻击性来让他可以赢得安静的空间，虽然成因如此，但暴力是错的，这是毋庸置疑的。

而对于以攻击作为原始动机的人来说，他们的攻击是为了寻求自我保护，或者想要引起对方注意的一种方式，比如用唠叨不休来引起妻子的注意。

而筑墙往往是我们经历了逃遁和攻击的反复尝试以后才会采取的最后手段，俗称“冷战”。此时感情已经可以用创伤来形容，双方都进入到了休眠状态，情感进入到了最危险的时期。

当我们了解了在“杏仁核”的支配下大脑应对危机的方式，往下我们又会衍生出三种措施。

第一种，寻找凶手：你是坏人，所以错在你

几乎所有夫妻到我这里来咨询的最主要目的都是为了让我做法官，判断到底谁对谁错。双方都是控方也都是辩护方，大家都想说服对方：是你伤害了我。这是一场没有赢家的辩论，因为双方为了赢得辩论会挖空心思地寻找对方如何错，对方是如何伤害自己的，对方是多么的无情无义，但这个过程本身却在催眠彼此：大家把所有的注意力集中在了阴影部分，一叶障目，而忽略了彼此的好。

大家这么做的初衷是什么呢？其实是想让对方理解自己在沟通中受了多少伤害，想要对方补偿自己的痛苦，希望对方理解自己为婚姻为家庭付出的艰辛，可是我们却用了一种错误的方式来表达这种诉求，那就是用对待敌人的方式试图获得爱人的拥抱。把对方指控为坏人有一个好处就是让自己处于胜利者的地位，似乎这样一来对方就会认罪伏法，爱自己了。可是爱一个人是一种心情，而非一种义务。

在咨询室里，大卫对淑芬说，十年了，我一直都想离婚，我一直想找出你的毛病，可是我就是找不出来，你太对了，可是我不想和这么对的人在一起。淑芬崩溃了，她以为只要做对了一切事情，丈夫就理所当然会爱自己。

总结一下：

(1) 当我们开始寻找“凶手”的时候，一方面我们开始远离情感而进入到理智与行为层面，这让我们越发远离通过情感解决情感问题的路径。

(2) 我们寻找到了“凶手”是一种悲哀，因为我们在证明对方不爱自己，如果对方承认了，这种胜利的意义是什么呢？

(3) 当我们用对待“凶手”的方式对待对方的时候，我们就失去了对对方的痛苦的感知，也失去了对自己的痛苦的感知，我们也就失去了彼此。

第二种，“伤害的永动机”：恶性循环的形成

当两个人开始争斗之后，一种秩序开始形成。比如妻子通过一哭二闹三上吊的方式，让丈夫屈服，或者丈夫通过摔盆砸碗的方式让妻子屈服，或者夫妻一方通过

压倒性的辩论让对方无言以对，总之，战斗总要有一个分晓。这个分晓往往是以一个人的退缩和另一个人的胜利作为了结。但这只是一个“恐怖的平衡”，因为吵架没有赢家。最重要的是，争吵将家庭变成了战场，从此家庭就开始有了不安全感。如果争吵不能以情感的方式对彼此的伤口进行治愈的话，暂时的和平下便隐藏着更多彼此没有解决的不满。

夫妻之间如果长期陷入战争，会有两种感觉：第一种感觉是小心翼翼。因为如果你不绷紧神经，就会在猝不及防的时候受伤害；第二种感觉是失控。平息之后，当事人往往无法理解，自己在那一瞬间怎会暴怒到失控的程度。

家不再吸引人，于是“逃—追”的游戏正式上演。往往追的是妻子，一方面妻子会以为自己吵闹一下，是一种撒娇，可是她们不知道这已经给男人造成了内伤。男人有两种表达的困难，一种是表达脆弱对他们来说是一种挑战，因为男人的自尊在于强大，表露脆弱无疑伤害了他的自尊；第二是让他们表达自己的感觉很困难。但这不意味着男人是榆木疙瘩，相反，他们比想象中脆弱。他们往往会深受内伤，还不会像女人那样表达出来，而是选择拉远和你的距离，来防止自己再次受伤害。于是胜利的女人有一天会忽然发现，她虽然赢得了丈夫的道歉和依从，但也得到了疏远和冷漠。于是她开始想要寻求丈夫的安慰或者靠近丈夫，但此时男人已经开始将她妖魔化，拒绝她的靠近了。男人的麻木会让女人感觉到对方想要抛弃自己，或者已经不爱自己了，这让女人感觉到恐惧愤慨。于是，女人会采取更严厉的方式对待丈夫，受到内伤的丈夫则退到更远处躲避“攻击”，两人开始在不断地伤害中循环，最终情感被耗尽。

第三种，宣判：你就是这样的人，我们性格不合，没有缘分

在伤害—躲避循环彻底破坏了我们的安全感和依恋的需要以后，我们开始给对方定性，或者给我们的婚姻定性——我们彻底没有希望了，因为对方就是一个变态或者他其实是一个永远长不大的孩子。这个时候，婚姻可能就即将走向终点：因为我们内心的法官对这段关系已经有了判决，我们已经在“追—逃”的模式中耗尽了所有的感情和动力，宁愿放弃情感，也不愿意再尝试了。这个时期的夫妻到咨询室里经常问我的一个问题就是：您觉得我们还有可能吗？如果没有可能就告诉我们，我们也不用继续了。如果还有可能的话——让他（她）改吧。

四、学会沟通，从误解到理解

1. 到底谁是爱的敌人？

首先，我们如果想要过日子，需要一个起码的前提，那就是我想和对方同舟共济。既然如此，我们彼此拆台，其实就是自掘坟墓。如果我们一定要树立一个敌人，那么真正的敌人是我们之间的这种合作的方式，而非我们彼此。我们需要了解，沟通的困难是我们的敌人，我们需要一起合作，一起解决沟通中出现的彼此伤害的事情，而且我们只有依靠合作才能让这个恶性循环停止。所以苏文可以对周丽说："我很爱你，你也很爱我，我是好人，你也是好人，可是现在我们之间出现了问题，我们需要停下来，一起想办法解决这个问题，我们可以如何做，才能让交流不会变成彼此的伤害。"而周丽也可以说："我也很困惑，我不知道我们之间发生了什么，好像一旦我们有分歧，最终就会演变成敌人一样互相攻击，这很可怕，我也想和你一起搞明白，到底发生什么了。"如果我们可以在争吵之后有这样的复盘，那么我们的慢动作分析才有前提。

2. 检视：你们需要播放一下争吵时发生的慢动作

(1) 当我们感觉受伤的时候，我们会怎么防御自己。

(2) 当争吵持续了一段时间以后，我们会如何解决这场争端：谁是追的，谁是逃的？

(3) 当你感觉到说不过对方的时候，你会怎么做？

(4) 当你不得不屈从对方的时候，你会有什么感觉？

(5) 当你获得胜利的时候，你有什么感觉？

(6) 当你证明了对方是一个不爱你、伤害你的人的时候，你有什么感觉？你觉得快乐吗？

(7) 你们觉得这种争吵解决了你们的分歧没有？

(8) 你们觉得这种解决问题的方式对你们情感的影响是什么？

3. 觉察：是什么让伤害无法停止？

这世界上有两种攻击：一种是我要不停地骚扰你；第二种是我就是不理你。前者带来了压力和刺激，后者带来的是空虚与疏离。前者多是女人的专利，但近年来男女性别文化有一种中和的趋势，我也看到婚姻中有越来越多的男人开始成为这样的攻击者。

第一种攻击者分两类。一类是选择攻击，因为他们感觉到致命的空虚和不被爱的信号，而这是他们最害怕看到的。出于空虚和害怕，他们开始“追逐”。另一类人则重视规矩，他发现之前两个人建立的秩序被毁坏了，比如发现伴侣有了外遇，他会感觉到崩溃、失控，因此，他们开始拼命地追逐，试图重建秩序。

第二种攻击者最害怕的是被伤害以及内疚感。他们最害怕的就是感觉到自己的无能，感觉被伤害，感觉到失去了自己。所以他们无论做什么事情，都是为了“息事宁人”，为了让自己获得一个喘息的空间。

于是，我们可以看到这样的画面：维榕是一个娇小性感的女人，在咨询室里，她快言快语，而米庆则是一个高大斯文的男人，在咨询中，他一直在看手机，几乎不会抬起头来。“你看，他就是这样，永远沉浸在自己的世界里。在我们的关系中，我要做一切事情，甚至是他家族的事情，都要我来操心。现在他一回家就把头扎到手机里，好像我是空气一样，让他看你一眼，简直比登天还难，让他主动跟你说一句话，那是永远别想了。我发现自己做得越来越多，他越来越像个婴儿，可是如果我不做……”她的眼泪掉下来了：“也许我应该什么都不做了，就这样结束婚姻算了。”她这么说的时候，米庆叹一口气，抬起了头，望着窗外发呆。

这是典型的追与逃的循环：维榕感觉不到丈夫的存在，于是她试图靠近，可是米庆却把门关上。被挡在门外是维榕最害怕的，因为那时有一个可怕的想法抓住了她：他不爱我了，他要离开我了，我要失去他了。一旦这个念头涌起，她就会完全被恐惧和焦虑淹没了，因为无法承受这种感觉，维榕希望丈夫可以出现，让她远离这个恐怖的念头。一旦这个念头控制住了维榕，维榕就会做出越来越过激的行为，她会用力敲门、砸门甚至会拿头撞门……这个可怕的念头才是他们关系的真正的敌人。

可是当时米庆并不知道她内心的这种挣扎。那时他也在他自己的世界里呢。所以如果维榕不说出她内心真实的感觉，米庆看到和听到的是另一幅画面：一个恐怖的、想要伤害他的恶魔要闯入他的内心，他感觉到自己很无能，无法满足妻子。妻子一旦生气，他就浑身发抖，不知道如何面对一头暴怒的狮子。他甚至无法用头脑思考，完全被恐惧感和无能感所控制了。他会对自己说：“她疯了，我不知道怎么办，她要伤害我，我会被她毁掉的。我太无能了。”这种大祸临头的感觉让他只想逃开。所以他的恐惧和不知所措才是他们关系的真正的敌人。

当维榕的“害怕失去”和米庆的“害怕被伤害”相遇的时候，魔鬼舞步就开始上演。他们就会被这两种恐惧所抓住。因为害怕失去，维榕会动用各种恐怖的力量，刺激米庆回应她，但这样会越来越坐实了米庆心中的维榕是一个“恶魔”这样的形象。于是封闭和疏离带来了闯入与愤怒，两者开始互相刺激、斗争，像永动机一样无休止地运行下去，直到婚姻承受不了任何创伤了，宣告解体。所以婚姻的癌细胞就是“害怕失去”与“害怕被伤害”的结合，它们会自动复制下去，除非我们能一起合作，停下来，对两种恐惧有一种加工，而非被它们驱使。

练习：

(1) 造句

这个时候你们需要完成这样的造句：“我越是……你就越……于是我就会更加……你也进一步……我们就这样被这种循环控制住，越来越伤害彼此和我们的婚姻。”比如：“你越是不说话，我心里就越发慌，于是我就越想让你告诉我你是怎么想的。而当我开始逼问你的时候，你就会想要离我越来越远，而我就更害怕你已经不爱我了，我们之间就是这样不断循环的。”

(2) 命名

你们甚至可以给你们这种循环起个名字，比如追和逃，猎人与兔子，或者漩涡、死穴、死机等等。

(3) 天气预报

命名之后，你们可以在争吵中有一个彼此的提醒：呦呦，你开启了死机的按钮啊，你这么说，我就开始想要进入到我们的死机状态了。你这么说的时候，我就想要远离你了啊。

(4) 评级

现在我感觉我们的风暴指数是5级了，如果我们这么说下去，可能会演变成台风哦。

(5) 合作

当我们可以预言我们接下来要做什么的时候，我们就对这个事情有一个觉察和彼此的提醒。这个时候，我们就可以从彼此的斗争变成一起合作面对事情，有机会做出新的选择。当我们能够停下来的时候，该做些什么呢？我们就需要进入到第三阶段。

4. 开始手术，识别痛处

这个阶段的工作非常重要，可以说是你们的沟通是否可以在更深处相遇的最关键的转折点。因为我们在沟通中往往会变成一种理性的辩论，为了战胜对方而运用各种诡辩技巧，生怕自己成为输家。但这只会造成口服心不服的局面，将外在的冲突变成内伤。

真正的深度沟通需要在我们彼此脆弱和受伤的部分给对方一种安慰和支持。什么叫作沟通，沟通就在于我们可以在深处相遇，也就是我们可以互相展露出彼此的肚皮，而不是彼此往伤口上抹盐。

首先，我们需要一致同意：我们需要停下来，看看我们之间到底发生了什么，让彼此之间没有办法好好沟通。如果大家愿意像下围棋一样复盘，就可以看到很多之前因为太过情绪化而无法觉察的部分。

死穴：当时发生了什么，让我的情绪一下失控？在我爆发或者想要逃跑的反应之前，我有什么感觉？这是很重要的一个觉察，因为它是解开沟通之谜的钥匙。任何人都有自己的“死穴”，我们都会对别人的话和行为有自己的一套解释系统，但因为这些反应实在太快了，以至于我们没有感觉到自己情绪的巨变。

比如，如果没有“复盘”，杨薇可能很难明白，为什么自己的丈夫一说话，她就火冒三丈。原来丈夫说话的时候有一个习惯语：我觉得……这对她来说是格外的刺激，因为小时候，她最讨厌的就是爸爸经常在饭桌上搞一言堂，而爸爸的口头禅就是“我觉得”……这三个字在杨薇的字典里就代表着“自以为是”、“目中无人”。小时候因为年纪小，面对爸爸那些根本逻辑不通的话，她只能忍受，而不被允许反驳。所以当丈夫也这么说的时候，她立刻就离开了“此时此刻”而进入到过去的饭桌，她绝对不能让自己再忍受这种“侮辱”了。

此时她需要说的是：“每当你说‘我觉得’的时候，我就感觉到非常的愤怒，这三个字对我来说有非同寻常的意义，所以我很难保持平静。”

听了杨薇的话，杨薇的丈夫才能明白他们这些无缘无故的争吵的源头是什么。他才不会妄自猜度，以为妻子是不再爱他，找碴和他闹呢。

身体反应：一切都可以不是真的，但身体反应不会骗我们。当我们被碰到痛处的时候，我们的身体会很忠实地告诉我们，对方发来的信息对我们的意义是什么，对我们的伤害有多严重。觉察这个部分可以让我们离内心更近，更容易找到“沟通之匙”。往往在争吵中的人，会忽略掉自己身体的反应。比如当丈夫用背对着妻子的时候，妻子先是感觉到浑身乏力，然后腿有些发软，最后感觉到胸口发热、发闷。其实，我们的每种身体反应对应的都是一种特定的感觉。比如浑身乏力也许对应的是一种无力感，而腿发软可能和恐惧有关，胸口闷热也许和愤怒、压抑有关。但如果我们没有更多的觉察，可能只会感觉到最后的反应，也就是胸口的闷热，于是对方也就失去了觉察你最初的反应的机会，而最原始的感觉往往指向你需求的关键，其他的感觉只是因为这种原始的感觉所衍生出来的。

感觉：我们的感觉分两种，一种是原始的感觉和情绪，一种是次生的感觉和情绪。比如杨薇在听到丈夫说出口头禅的时候，她的第一个情绪可能是痛苦，因为丈夫的这种语气和口头禅让她重新穿越到小时候窒息的饭桌上，她极其厌烦却又无力反抗，这种无力感是她的原始情绪。但她现在已经不是当年的小女孩了，所以她的次发情绪是愤怒。当一个人愤怒的时候，她就会更多地感觉到自己的力量，而不用浸泡在无力之中。或者她也可以有委屈、伤心，这两种其实也是次发的情感。很多婚姻就毁在只有“表层情绪”、“次发情绪”的交流，而没有在“深层情绪”、“原始情绪”进行交流，最终被这种交流的“癌症”击溃。当女人知道男人冷漠的“扑克脸”后面是多么的无助和害怕受伤害的时候；当男人了解到女人冷嘲热讽之后是多么害怕孤独，多么需要他的存在的时候，他们才能在深层的情绪和最本质的表达中相遇。

所以，如果我们愿意按一个暂停键，给我们强烈的情绪一个缓冲期，我们就可以运用人类用上万年进化出来的大脑前额叶皮层工作，也就是在情感之中加入理性，透过表面的情绪看到下面覆盖的深层的情绪，我们的爱才能真正从皮肤进入到骨头里。然后抬起头重新看对方，我们会有不同的刺激源，也就会有不同的感觉。

定义：往往这个时候，我们需要对对方的言行有一个结论。比如之前的例子中的杨薇就会如此定义丈夫的口头语——他根本就无视我的存在。他是一个自我封闭的人，他像我的爸爸一样，自私自利。于是真实的丈夫就从杨薇的眼中消失了，取而代之的是她内心的丈夫，至于她的内心看到的丈夫和丈夫实际有什么差别，两者是否能重合，可能就很难觉察了。可能杨薇需要告诉丈夫，当丈夫用了口头禅以后，她是如何定义丈夫的，丈夫才能了解，到底发生了什么，引发了妻子如此强烈的反应。因为那一刻妻子面对的不再是爱她的那个人，而是一个可能会给她带来很多伤害的“凶手”了。

行动：当我们被自己定义的“凶手”伤害以后，我们会采取各种各样的行动。比如有人会选择压抑和克制，有人会选择爆炸，有人会选择崩溃地哭泣，总之这些行为都是我们应对危机的方式。比如杨薇就会用声嘶力竭的叫喊来反抗，而她的丈夫则会头脑一片空白；而杨薇在喊完以后，会把自己关在洗手间里，不肯见丈夫，丈夫则会恐慌地敲门，害怕妻子出事。而当杨薇情绪恢复正常以后，丈夫这个时候才会发怒。杨薇夫妻需要知道，他们这一系列的行为都是被情绪淹没之后，情感失去了连接，每个人都在与内心隐藏的“敌人”“作战”时失去了“现实感”。

（1）总结：我们可以按照下面的话进行沟通

死穴：在这次冲突中，你踩到了我的痛处，让我受伤的是……（你的语调，你的那句话，你的那个眼神……）

感觉：当我的死穴被你踩到的时候，我的感觉是……（恐惧，害怕得发抖，一股怒火从心头涌起，委屈，头脑一片空白，厌恶，伤心，心都凉了……）

身体反应：我的身体有了反应（浑身乏力，胃部疼痛，腿发软，胸口发闷……）

定义：我会这么看这件事（或者说，我会对自己说：你已经不爱我了，我觉得我一无是处……）

行动：当我有了这个定义之后，我就开始行动。我会（冲你怒吼，把自己埋起来，不想见到你，试图保持平静，似乎一切都没有发生……）

（2）循环表达

建议是伴侣双方都在纸上写下各自当时的反应，然后交换，然后再写“续集”。记住：我们在书中写的这个过程看上去似乎很简单，但其实用于实际生活中会非常难，因为我们的“杏仁核”情绪很强大，它往往在我们意识到之前就已经发作了，所以我们需要不断地整理和觉察才能跟上它的速度，这需要夫妻双方携手，一起努力，才能掌握驾驭自己情绪的能力，回归到前额叶皮层情绪的轨道中来。

很多人在表达自己的深层情绪上遇到了困难，那么我们可以尝试着从困难入手。

当我开始和你分享我内心最深的情感的时候，我觉得很难做到，我想到的最糟糕的情况是……（比如对杨薇来说，她的困难在于过去她跟父亲表达自己的想法的时候，父亲经常会有一个高姿态，表现得非常“虚怀若谷”，但当她把真正的想法表达出来——比如父亲在家里不太照顾家人这样的说法——父亲就会立刻变黑脸，对杨薇一顿呵斥。所以杨薇非常害怕自己表露真实的感受，害怕丈夫也会玩这种“引蛇出洞”的把戏。）

这个时刻往往是夫妻之间关系的转折点，如果伴侣在这个时候“玩忽职守”，没有投入到倾听和理解之中，那他们就失去了特别宝贵的“窗口期”，以后可能需要十倍的努力才能挽回因此带给对方的巨大伤害。因为这个时刻就是我们把自己交给对方的时刻，一旦对方失手，我们就很难重新给对方一个机会了。这个时候伴侣不要轻易说话。要多倾听和理解，而非给对方提供解决方案。一旦你发现自己开始跳到行动层面，那就说明你和对方已经失去了连接了。夫妻之间的最大危险就是我们只是在行动上给予对方反馈，因为行动很难和内心联系在一起，除非我们内心有一种连接后，行动才会有意义，否则我们就是试图用行动来破坏连接，破坏的原因是我们承受不了对方情绪的压力。

（3）梳理

我们需要特别就表层情绪和深层情绪进行梳理。

每当我遇到……（热战、冷战等等）场景的时候，我的表层情绪就会启动（愤怒、委屈、伤心），我就会表现得……（生气、指责、讨好、疏离等等），但其实我的深层情绪是……（害怕、生气、伤感等等）

自白：描述你的心理活动，比如：“当你说‘我不在乎你’的时候，我立刻就头脑一片空白，第一个念头就是想抽你。我实在太气愤了！”很多夫妻都不敢告诉对方自己的一些念头，但其实这些念头不会伤害到彼此的关系，而“天气预报”出自己的想法有助于让双方都了解到我们对彼此产生了什么样的影响。当我们告诉对方自己的感情和想法的时候，反倒可以舒缓彼此的情绪，因为我们一旦把一些念头积压下来，这些念头不会停止对我们的影响，它会以各种方式表现出来，比如也许当你想打对方的时候，眼神一定很可怕。但你可以告诉对方：“一部分的我想要抽你，但另一部分的我很害怕，一旦我这么做就会失去你，我也害怕伤害你，因此我又想压抑自己，而这种压抑又让我很难受，于是我就会停止和你交流，生怕我真的会控制不住自己。”

当你这么说的时候，你的爱人会看到一个完整的你，而不会只看到你凶狠的眼神。

天气预报："我知道我们这么吵下去，我可能会话越来越多，因为当我生气的时候，我会说很多话，而你会做什么回应呢？"妻子这么说。如果丈夫可以回应那是最好，如果没有回应，妻子可以说："你总是用沉默来应对我的愤怒，你不知道，当我看到你回避我的时候，我会更愤怒。你的反应是在拉开我们的距离，于是我们的战斗就这样循环下去。这会让我们彼此都非常受伤，现在我想和你跳出这个循环，好吗？"

检查影响：在沟通中，最伤害情感的不是我们彼此的指责，而是发现对方对自己毫无回应。承认彼此对对方的影响是双方探讨的第一步，否则，我们就无法真正进入到沟通的场景中去。"没反应"往往发生在男人一方，但往往男人会做出"视而不见"的行为不是因为女人对他毫无影响，而是因为女人对他的影响超出他神经承受范围而不得不进入到"死机"状态。而女人往往看到男人的"死样子"会更加恼怒，就会加重"刑罚"，试图让男人开口，这会让男人更加"过载"，这种恶性循环的结果就可想而知。

表白表层，袒露深层：当我们能告诉对方，我们之间是有连接和关系的之后，就可以准备好在更深层面"相遇"了。

（4）约定

双方约定，下次再吵架的时候，如果有一方进入到"战斗模式"，另一方可以建议双方暂停，提醒对方觉察自己的深层情绪，而不要被表层情绪所鼓动。

比如杨薇再次听到丈夫说"我觉得……"的时候，又开始暴怒，丈夫提醒她："我是不是又戳到你死穴了？"杨薇愣住了，然后笑了起来，因为她在丈夫的提醒之下从"穿越时空的隧道"中回到了此时此刻。

（5）正面表达

也许当我们可以止痛的时候，就可以对情感展开"复建"乃至正面的表达。而在亲密关系中，我们的需要往往因为害怕受伤而变得“心口不一”，显得有些不太一致，比如我们会用怒火掩饰我们的慌张，用冷漠隔绝自己的委屈。直到我们真正感觉到安全，这些深层的需要才会浮现出来。

这个世界上最悲哀的是，当我们是婴儿的时候，我们饿了，痛了，就会哭，会闹，可是当我们“长大”以后，却发现表达自己的需要是那么的难！

当小文打破了一副满不在乎的防御之后，他竟然为表达自己的需要而满头大汗：“老婆，我表现得对你的指责根本没有感觉，是因为我特别在乎你对我的看法，我可以不在乎别人对我怎么看，可是我最在意的是你对我的评价。我太敏感了，我生怕你会离开我，就像我的妈妈一样，只要我做得不对，她就会变成一个陌生人，对我不闻不问。如果我不小心伤害了你，如果我做错了，很多时候，我没有反应是因为我很茫然，不知所措。我在这个时候是最脆弱的时候，我需要你不要离家出走，不要不理我，我希望你可以和我在一起。”小文说到这里已经泣不成声。对他来说，表达这个需要的难度不只是针对妻子的。这么多年来，他一直生活在被人抛弃的恐惧中。而更让他受伤的是，当他受伤的时候，他不能表达，不能说话。过去的那些经历，已经反复验证了他表达自己的需要会招致多么可怕的结果，他会被母亲视为不服管教，会遭到妈妈的冷遇。这些经历他从未跟任何人讲过，妻子听到小文的诉说后，哭着抱着丈夫，此刻，她才真正明白，自己的负气和任性给小文带来了多么大的伤害，她才明白为什么小文会对她如此冷漠——这是他从自己的妈妈那里学来的表达痛苦的唯一的方式……

其实我们不是没有跟伴侣提出过自己的需要，事实上，我们之所以结婚，就是因为婚姻会给我们第二次机会，满足我们在原生家庭里没有满足过的需要。但问题是，我们虽然在一起，却没有真正地“看”到彼此，“听”到彼此，我们看到、听到以及感觉到的，都是我们过去的“幻影”。

我们有时的确提出了我们的需要，但我们没有让对方了解到，为什么这个需要对我如此重要。因为我们提出需要的时候，带着巨大的敌意和攻击，或者恐惧与委屈，是用防御的方式来表达需要，这就会让对方被我们的“表象”所惑，而失去了和我们内心的“真相”连接的方式。很多人在一起生活了多年，却从未真正地“在一起”。我们是和我们自己内在的那个人在一起——我们嫁给了过去。

这时，妻子也可以告诉小文，为什么每次她都要用离家出走的方式来解决他们的冲突：“我每次离家出走，是因为当我看到你沉默不语的时候，我感觉自己快要爆炸了，我害怕自己会成为我的妈妈，像一个疯子一样在家里砸东西，拿头撞墙，那样的画面出现在我眼前的时候，我就非常恐惧。小时候我就想跑出这个危险的家，可是我没有能力，现在我可以跑出去了。所以看到你沉默的时候，我真的好害怕，我怕这种沉重的压抑的感觉！我希望那时你看看我，不然我会感觉自己好像被抛弃了。”此时，小文也有机会了解，妻子的离家出走不是一种愤怒，而是一种恐惧。原来，她和自己一样都有着同样的恐惧。

正面表达和防御性的表达的区别就在于：前者是一致的，后者是不一致的。前者可以把自己的最柔软和脆弱的部分展现出来，而后者则将自己的所有武器都亮出来。在这里我想强调的是，我们不是说防御性的表达是不好的，因为正面表达是需要前提的，那就是交流的双方真切地感觉到此时此刻的安全，只有安全到一定程度，我们才能展现自己最难以呈现的一面，而当我们能做到这一点，我们的沟通才算真正到位，我们才算真正认识对方。而在此之前，我们都沉浸在自己的世界里。

（6）承诺

当我们深深地认识了彼此，了解了彼此的正面的需要以后，我们就可以有一个承诺，承诺在彼此最受伤的时候，可以联合起来，而非退回到自己的堡垒里；承诺成为“相濡以沫”的彼此，而非两个孤独的受伤者。

伤害是我们共同的敌人，它会想方设法把我们分开。我们能做的，就是对抗这种分化的力量。这是一场与自己防御的殊死战斗。“我知道，每次当我晚回家，或者没有及时回复你的时候，你就会被恐惧击中，你会害怕失去我。也许你可以告诉我你很害怕，你被恐惧包围了，你需要我来帮助你突围。”丈夫这样对妻子说。妻子热泪盈眶，因为他真的懂了她。她也可以告诉丈夫：“每次，当我忍不住说你的时候，你开始沉默不语，我都知道，你被无力感抓住了，这种没有价值的感觉也会伤害你，你可以告诉我你感觉到自己没有用，需要我停下来。我也会注意到这一点的。”

而在现实中，有一次妻子无意中像过去那样埋怨丈夫：“你为什么不回电话？”丈夫立刻回击：“你又来了。”忽然丈夫醒悟过来，提醒妻子：“风暴又要开始了。”妻子也立刻明白了：“嗯，差点啊，我这么说是因为一个人等你的感觉实在很苦，我感觉很空虚。”丈夫也回应：“刚才我差点又回到厌烦你的模式里去了，我会尽快回家的。”妻子反馈：“只要你在乎我，我就感觉好多了。”

丈夫会在这个过程中慢慢发现，其实他所需要做的很简单，就是共情妻子的心情，理解妻子的难过，并说出来，有意思的是，很多妻子其实就是要丈夫能理解她就足够了。一旦双方开始抓到解决问题的实质，正向的循环就开始了。

很多夫妻之所以做不到，是因为双方都倾向于用行动代替语言，用攻击取代理解，没有共情能力的夫妻很难达到起码的共识，他们需要很多安全的确信，才能慢慢让自己身上的“老茧”褪去。

LOVE

婚姻的默契期：结婚十五年至二十五年

第五章

一、成熟的婚姻与成熟的人格

我们的人生就像是一款电子游戏，在每一个关口都会有一个难题，需要我们去化解。

当我们已经在婚姻中的时候，会有不同级别的难题在前面等着我们。在融合期，我们处于高度一体的时候，往往会偏执地认为我们已经到达幸福的彼岸，其实我们只是在幸福的超市免费试吃，真正要买下幸福，需要很大的成本。我们在这个阶段最重要的是能够慢慢地给自己的爱“下台阶”。很多婚姻因为夫妻双方都太理想化这段关系，而无法接受婚姻进入到现实的样子，结果不得不结束关系。

在蓝图期，我们需要整合的是婚姻这艘船的航线，很多人因为在根本方向都没搞清的时候，就匆匆出发了，结果走到中途才发现双方南辕北辙，因为无法调和这个问题，于是婚姻就此终止。

在自我肯定期，婚姻才真正进入到关键时刻。为什么说是关键？因为这个时候，我们会尝试着把一直无法放到婚姻这个容器中的自我放进去。以前我们或者是因为幻想，觉得婚姻已经容纳了我们彼此所有的部分，或者因为害怕伤害关系，而把自己的一部分放在婚姻之外，当我们真正进入婚姻中来的时候，就不得不解决这个问题，婚姻到底能不能接受我的全部？也就是说，当我们真正产生分歧的时候，婚姻有没有足够的空间和弹性加以处理？很多婚姻也在这个阶段GAME OVER了。当然，也有一些婚姻也在维系，但它的存在是以降低双方的需要为前提，也就是我们必须将我们的需要一点点地切掉，当我们投放到婚姻中的需要渐渐被蚕食而收回以后，婚姻也就日益空壳化了。

现在到了默契期，婚姻将抵达它的终点站，那就是双方通过婚姻实现了人格的整合以及丰富。如果没有这个部分，婚姻只是一系列的重复工作。我们漫长的积累，只是为了最终实现这个质变。什么样的质变？还记得我之前所说的“木桶理论”吧，木桶的水位高度取决于最短的那个板。而当我们经过长期探索自己的短板，我们可以将短板的长度增长，于是我们的幸福的水位也就会随之而上升了。

这个说法可能有些虚，那我们就更具体一些吧。我们的人生有许多节点，这些节点其实就是我们一生的重要的转折点。在这些节点上我们会遇到很大的挑战，因为那些时刻需要我们建立新的行为模式来形成新的循环。

总的来说，如果在成长中前一个任务没有完成，我们就无法进入到下一个关口去。

比如在当下的中国，很多人都会抱怨婚姻出现了大问题，小三盛行，外遇不断，大家都会产生一个疑问，难道这个世界不存在幸福这个东西吗？

其实，我们在情感中遇到的问题从某个角度上看，就是无法完成“分离—个体化”的任务。通俗一些说就是你的心是在原生家庭，还是在你自己的家里。有人虽然貌似生活在现在，但他其实还活在过去；有人貌似生活在人群中，但其实还是和自己的原生家庭在一起，因为他们会把所有人都“张冠李戴”成原来的家人。有些人看上去非常社会化，可是那只是他的一部分人格面具，实际上他真正的内在重心可能还在和妈妈纠缠不休，或者和爸爸撕扯不断。

比如一个男人如果还在男孩的世界挣扎，那么他会在功成名就的时候重返他生命的“短板”。因为以前他以为只要成功，自己就会超越自己男孩期的困惑，当他感觉到自己强大的时候，就可以不用面对自己的孤独和脆弱，但事实是，成功后的他发现自己并未获得想象中的自在。比如他不知道如何面对自己的妻子，她是那么强大，以至于无论他拥有什么，被外人如何看，他还是感觉到自己被这个女人牢牢控制在手心里。在中年这个节点上，他想寻求真正的突破，那就是在情感的世界找到一个真正可以理解他的人，一个不会控制他而真正给他温暖和支持的人，这个时候，他身边就会出现这样的善解人意的女人，于是外遇发生了。

或者一个女人，一直都浑浑噩噩循规蹈矩地过了三十多年，忽然有一天，她明白了自己原来一直都在给自己催眠，让自己可以不用追求自己想要的生活。她太早就埋葬了自己的梦想，因为她一直生活在充满压抑的原生家庭里，即使是离家万里也是如此。她选择了一个没有情感和没有色彩的婚姻，是因为她一直都不能相信自己真的可以获得幸福。直到她发现自己已经年近四十了，女人的魅力已快失去了，她开始不甘心就这样完全把自己放弃掉。她想追求一种有梦想的生活了。此时她开始难以忍受之前觉得还不错的婚姻。

或者一个男人之前都一直顺风顺水，事业上很吃得开，就在万事俱备只欠东风的时候，忽然一个晴天霹雳，他失去了个重要的机会，仕途上很难再有发展。这个时候，他人生的支柱可能就此断裂，同时他忽然感受到了世态炎凉，于是以前一向忽视的家庭生活和一个知冷知热的女人对他来说变得重要了，他开始反思这些年一直追逐名利，到底是为了什么，人生中什么才是最重要的。

又或者一个一直热衷于家庭生活的女人，在孩子开始长大、拥有了自己的世界，丈夫也有了精彩的个人生活之后，一个人寂寞地翻着IPAD，她会忽然问自己，我在干什么？为什么我不能去追求自己想要的生活，是什么让我好像生活在自己的囚笼里，为什么我不能绽放自己，不能追求自己的事业，有自己的生活？为什么我总是生活在低自尊感之中？

等等等等。

这就是我们的人生的第二个时机，早的会在三十出头的时候，开始发现自己真正想要过的生活，这叫“三十而立”；晚的会到四十岁左右，开始怀疑自己已经拥有的意义。再迟一些，可能会在退休之后，这时候就是对一生总结的时候，开始思索如何面对一种渐渐消退的生涯。或早或晚，这都是我们再向成人迈进的一种觉醒。

那么什么才是成人? 并不是年满18岁而已。真正的成人就是在没有超人的世界，依然可以生活的人。什么意思？如果我们还是小孩子，那么我们要么活在小孩子的被拯救的角色里，要么活在超人的拯救人的角色里，或者我们一直寻求着某个人可以将我们带走，离开火坑。我们一直无法内化一个强大的自我，导致我们总是“外求”，而无法“内求”。关于这个部分，很多人都会从一个极端到另一个极端，要么是一个哭喊着要奶的孩子，要么就是无欲则刚的超人，其实一个人的强大不是装出来的，也不是压抑和控制出来的，而是一个人可以内化一种温暖的关系，真正内在拥有了强大人格之后的结果，这是无法速成的。

什么叫作“内化”？ 这个词决定了我们的一生。所谓的安全感和信任感，我们的人格的强度和幸福度都来源于这个词汇。当我们是小婴儿的时候，妈妈是几乎24小时和我们在一起的，所以我们会有足够的安全，而当妈妈离开我们的时候，巨大的空洞感和虚无感就会袭来。

但同时，另外一种力量也在推动着我们，那就是自我的力量。当我们不再依赖妈妈来认识这个世界，我们对这个世界的认识便不断改变，我们可以越来越自主地探索这个世界，我们的“自我”开始诞生了。在这个过程中，妈妈在我们世界所占的比例开始慢慢缩小，慢慢地，我们从妈妈的怀里走出来，我们可以让妈妈在我们的身后保护我们，而我们则成为自己世界的主角。

此时，妈妈在我们身后的位置决定了我们可以进入到这个世界有多远。比如一个小婴儿可能无法容忍妈妈不在视野里，因为没有妈妈，就意味着他的安全感丧失；渐渐地，当他可以把妈妈这个形象装进心里的时候，就可以容忍妈妈在厨房，而他在客厅里玩这样的场景了；但如果时间稍微长一些，这个影像可能就会有些模糊了，它是有时效性的，于是孩子就会玩一会儿就找妈妈一下，这样就可以确保妈妈的安全影像在心里可以持续“保鲜”。随着我们的长大，妈妈的影像在我们内心中的保鲜期会越来越长，这样我们就可以离开家门，到外面的世界去探索，甚至可以自己建立家庭，并把这个影像传递给自己的孩子，这种安全感是无条件的、无理由的一种安定的感觉，不随境遇的改变而改变，无论发生什么，无论身处何境，都会有一种没有由来的稳定的、连续的、整体的感觉，这就是我们已把妈妈代表的安全感内化为我们自己的力量，这力量就是我们人格结构的基础。

什么叫作稳定？就是在面对危机的时候，还能保持冷静而不被情绪裹挟而走，有时我们会把冷静和麻木混淆起来，其实两者的区别在于：前者能在感知自己情绪的同时还能保持一定的心理功能，还能保持足够好的沟通的能力。而后者则像是半身不遂一样，失去了对自己的觉察，这时很容易不去真正解决问题，而选择某种程度的回避，试图通过搁置问题来得到喘息之机。

什么叫作连续感？就是我们能在痛苦的时候，还能从自己的世界出来，自我观察自己，以及观察环境的能力。当一个小孩子遭遇地震的时候，他的第一反应只是哭泣，他把自己隔绝在世界之外，哪怕山崩地裂，他也无法感觉了，因为这时一切的反应已经超出他的承受范围之外了。而一个和自己的母亲有足够好的依恋关系的人，有能力和世界保持连续连接的能力，而不会因为一些情绪的波动和别人隔绝开来，沉浸在自己偏执性的情绪中去。

什么叫作整体感？就是能感觉到这个世界和自己是一个系统，也就是不会因为失去某个人或者某个关系而失去了整个世界。他有能力在一段关系结束，完成哀悼后，进入到一段新的关系。杨过和小龙女的爱情不应该是我们的爱情的范本，其实它只是爱情的一种极致，从另一个角度看是一个封闭的系统，这样的关系没有带来和世界的联系，反而造成和世界的隔离。这就是活在碎片化的情感之中。碎片化的情感就是要么天堂要么地狱的二元逻辑，而实际上如果从整体来看，不存在这两者，只存在人间。人间是什么？人间就是天堂和地狱的混合，浓度都降低了的灰色地带。而一段好的婚姻，就提供了我们成为“成人”活在“人间”的支持与场所。无论我们的第二次时机出现在何时。

夫妻在一起的内在动力性就在于，我们可以互相把对方拉出妈妈的怀抱，并行走在属于自己的生活中。可是这不是可以勉强的，因为没有准备好之前，没有人可以面对悬崖，说跳下去就跳下去的。有的人的问题是已经有了飞行器，也有了飞翔的能力，但就是不敢下去，那么他需要的就是屁股上被踹一脚，有的人则还需要培养到有能力才能飞翔。

婚姻的难度就在于我们如何相互扶持着帮助彼此都能拥有飞的能力，当我们共同飞行，这就是默契。

二、婚姻中的六个角色

婚姻为什么复杂？那是因为它需要我们在这场戏中扮演不同的角色。那些无法维系下去的婚姻，大多是因为我们渐渐把婚姻要么变成了独角戏，要么把其他戏份都删除掉，戏就演不下去了。

有人说，在一个婚姻中，通常会有六个角色，他们分别是“男人”、“女人”、“小男孩”、“小女孩”、“爸爸”、“妈妈”。

“男人”所代表的是一个丈夫成熟的具有性吸引的自我部分，也就是成年男性的部分，这个部分的主要功能就是创造，创造激情、兴奋和趣味感，总之，这个角色是很有“攻击性”的部分，是引发关系中的一些冒险行为的。有关这个角色的形容词是：挑衅的，野心勃勃的，炫耀的，侵入性的，自信的，骄傲的，坚持的，韧性的，有弹性的，挑逗的，有味道的，有格调的……

“女人”代表的是一个妻子成熟的具有性吸引的自我部分。这个角色的形容词经常会是：妩媚的，羞涩的，挑逗的，勾魂摄魄的，炫耀的，引发强烈的冲动的……

“小男孩”代表的是一个丈夫的内在小孩部分，每个成年人的内心都有一个内在小孩。和这个角色相关的形容词多是：可爱的，搞笑的，娇憨的，笨拙的，天真的，无忧无虑的，自由自在的，淳朴的，听话的，顺从的……

“小女孩”代表的是一个妻子的内在小孩的部分。和这个角色相关的形容词多是：撒娇的，娇柔的，渴望的，乖巧的，善解人意的，温柔的，可爱的，调皮的，反正一切可以唤起别人“我见犹怜”的柔情的形容词。

“爸爸”代表的是一个丈夫的道德自我和责任的部分，这部分常常和规则、边界和责任等意识形态有关系，它意味着某些刚性的规则是不可侵犯的，它常常和有保护性的形容词相关，比如强大的，有能力的，隐忍的，威严的，充满权威的，让人崇拜的……

“妈妈”代表的是一个妻子母性中的爱和温暖的部分。这个角色主要和接纳有关，形容词有：包容的，宽厚的。伟大的母性可以无条件的、温柔地接纳孩子的一切，让孩子感受到浓浓的温暖。

婚姻中的丈夫和妻子各分担三个角色。这三种角色会在婚姻关系中创造不同的关系。

1. 小男孩

所有的小男孩都要面对一个主题，那就是自己的世界和妈妈的世界，或者说他总是徘徊在父性的世界和母性的世界之间。他最大的难题就在于是要继续生活在妈妈的怀抱里，还是可以走出巢穴，自己去冒险。妈妈的世界意味着安全、温暖、稳定以及确定的有保证的生活。当下中国的家庭文化被一种母性的精神所统治，过分强调安全而不强调冒险，在男性文化的角度，就是一种精神的阉割。也是妈妈文化的滥觞，这样的文化试图给孩子提供一个绝对安全绝缘于危险的世界，这样就构成了小男孩的人生的两个选择：我要继续做一个小孩子，和妈妈保持一致，还是成为一个男人，拥有自己的世界？毫无疑问，这中间的矛盾，让小男孩会一直处于冲突之中，一个内在冲突的人，是无法真正让他的生活处于平静的。因为他也不知道自己真正想要什么，或者说，如何才能解决自己的冲突，所以他的表现也会呈现自相矛盾的状态，你就无法指望他的情感生活会是一帆风顺的，除非他可以真正从中找到解决之道。

我们可以细述这两种选择下的男性在婚姻关系中的表现。

(1) 融合型：偏向于和妈妈融合，对外界的体验更多的是认同妈妈世界的逻辑——一切都是以安全为前提。这种男人若是内向偏弱的，就会显得有些胆小，害怕变化，驯顺；如果是内向偏强的，就会表现得很完美，是那种人见人爱的乖宝宝。这两种男孩的区别，前者是我见犹怜型的，后者是我见生羡型的。“生怜型”的男生会招引“强大妈妈型”的女人的热爱，她们会不惜一切地照顾脆弱的他；“生羡型”的男生会招引“仰望妈妈型”的女人的热爱，她们会不惜一切地奉养如“珍宝美玉”一样的男生。关于妈妈这个部分，我们将在下面详述。融合型的小男孩式的男人并非没有想要成为男人的愿望，只是大多会因为如下两个原因而不得不一直让自己在妈妈的巢穴里不肯外出。首先，融合型的小男孩都会和妈妈是一体的，这是因为妈妈一个人无法支撑应付外界的世界。比如一个强大的妈妈，最大的难题就是无处安放她自己的脆弱，于是和妈妈一体的孩子就接受了妈妈无法承担的这部分，而如果一旦他离开家，就会让妈妈发现，原来这脆弱、这恐惧是她自己的。这是他和她都无法接受的。男孩发现如果他离开，就会导致妈妈的垮塌，也会让他的世界有一个部分坍塌，于是长期以来，男孩便只会扮演一个角色：一个脆弱、永远需要照顾的孩子，或者是不食人间烟火的美玉；其次，如果和一个永远都会感觉到自己的强大或者能把肮脏的世界阻隔在外的妈妈在一起，他们一旦离开了彼此，双方都会不知道如何面对另外一种角色，男孩的难度在于如何成为一个强者或者如何能应对外面的复杂“俗务”，而妈妈的痛苦在于发现自己的寂寞和孤独和内在的空虚感。

很多婆媳矛盾都会由此而来，一个小男孩找到了第二个“妈妈”，在潜意识中是希望通过另一个“新妈妈”战胜“旧妈妈”，来获得自由。最极端的是这个男人在两个女人中间似乎是透明或者是隐形的，如果你听妻子诉说，就会发现一个现象，这个妻子会一直诉说婆婆是如何对自己不够好的，但你却很少听她说自己的丈夫。如果你问她，为什么在她的叙述中一直没有这个男人的身影，她会耸耸肩说：“你没法指望他。”这个小男孩一定会吸引妈妈型的女人，会勾引女人为他不断地付出。如果你再问问就会发现，这个男人居然会在两个女人之间互相传话，把媳妇的抱怨告诉妈妈，把妈妈的怨恨告诉妻子，于是两个女人会越斗越激烈。这样的情况也会发生在三角恋的故事中，有的小男孩式的男人会隐晦地甚至公开地说：“你们斗吧，谁赢了，我跟谁走。”“脆弱的小男孩”式的男人会对两头母狮子的怒吼不知所措；而“完美的小男孩”式的男人会对争执的两个女人感觉厌烦，她们太麻烦了，他只想远离这种争吵的漩涡。所以前者说出这样的话的时候，是因为感觉到害怕，以及觉得自己无力应对；后者则觉得这些事情和自己无关，而且也太“麻烦”。

融合型小男孩特点总结：这样的小男孩的魅力在于他是最好的“两小无猜”的游戏伴侣，和他们在一起，你就会感觉到很开心，很放松，很随意，好像有一种融为一体的暖洋洋的快乐。一句话，你们就像两个天真无邪的小男孩和小女孩在一起玩乐。

这样的小男孩会吸引两种人，一种是妈妈型的女人，一种是小女孩型的女人。前者会感觉到一种互补的快乐，后者会感觉到一种一致性的快乐。我们会在后面更详细叙述。

这样的小男孩式的男人会是史上最好的玩伴，但却是最“撂挑子”的家庭伴侣，因为他们很难在家庭中承担一个男人的责任，那不是他们擅长的领域。

妈妈型的女人首先会被他们吸引，因为这些小男孩会给她们提供一种释放，因为在她们妈妈型的强大的后面关着一个想要玩耍的小女孩，或者一个想要被好好照顾的小女孩，但是过去的经历让她没法释放这个部分的自己。而这个小男孩则给她一个可能性——找到这样的自己。可是一旦他们生活在一起，他们会渐渐地退回到自己最擅长的领域，妈妈还是妈妈，孩子还是孩子。这个时候，小女孩式的女人可能会离开，而妈妈型的女人会因为有了孩子而可以继续坚持下去，直到孩子长大渐渐离开，这时候她才发现，其实自己的生活中已经许久——甚至一直没有一个男人的存在了。

(2) 对抗型：这种类型的“小男孩”从心理上更靠近青春期。他们和妈妈的关系是一种纠缠的关系，如果太靠近，他们会抗拒，如果太疏远，他们会争取。很多爱恨纠葛会由此产生。如果这男孩内向一些，会成为“疏离型小男孩”。这样的小男孩吸引人的地方就在于“沉默是金”。这样的男生会吸引两种人，一种是从小就被父母唠叨（管理）到要死的女孩，她最渴望的莫过于可以有一个自由的空间，而一个用沉默来形成自己边界的男孩会很吸引她。另一种女孩是那种从小习惯了疏离的冷空气的女孩，对她们来说，当她面对一个沉默的男生的时候，她会有一种共鸣，因为沉默对她来说，可能意味着安静而和谐。有时我们还会给沉默赋予其他的意义，比如沉默可能代表非常有自我，很自信，很有力量和沉稳。然而这些沉默都是高品质的沉默，也就是说一个男人和父亲两个角色结合在一起的感觉。小男孩的沉默和疏离，只是一种自保的防御，而非一种从容与自主，恰恰相反，这种沉默和疏离背后是焦虑和被害的恐惧，他们是因为无法正面处理冲突而远遁与逃离的，而非超越。但无论如何他们的沉静会为那些内心焦灼不安的女孩提供一种难得的视角，那就是面对问题的时候，他们居然可以如此安稳，而非自己忙着救火。他们对容易焦虑和喜欢探索的女孩有着致命的吸引力与杀伤力，而这样的男孩也会对那些活泼的女孩充满了兴趣，因为她们拥有自己难以企及的活跃与勇往直前的主动。很多时候，是她们启发了、开凿了他们对自己情感世界的了解，很多时候，他们沉默不只是因为害怕受伤，更多是因为埋藏了太多的情感，以至于他们都有一点“述情障碍”了——他们不知道如何精细地区分自己的感觉，不知道如何精致地表达自己丰富的情感，这些情绪和心理都有赖于一个顽强的坚韧的女孩持续地挖掘才能慢慢成长出来。这是他们彼此非常互补的部分，也是他们之所以可以在一起的原因。但同时这也是会造成他们分化的原因，那就是遇到危机的时候，一旦女孩的热情被耗竭掉，男孩给女孩的加油不够充分的时候，双方就进入到另一个循环——追与逃的模式里，这个模式我们之前已经论述过，就不再重复。当然也会有一些类型相对混合一些，比如如果父亲（母亲）+男孩这样的类型结合出来就可能是一个非常讲责任的人，但这个责任更倾向于对妈妈的责任这部分，实际上，因为他还是一个孩子，所以必然内心最忠于的是自己的妈妈，同时他在和妈妈的关系中扮演的是妈妈的照顾者，这种照顾者如果倾向于提供保护，那就是父亲+男孩型的男人；如果提供的是理解和温暖，那就是母亲+男孩型的男人。这完全取决于妈妈给孩子提供的角色了。那么什么才是为妻子准备的类型？自然是男人+男孩型，或者父亲+男人+男孩型或者是父亲+男人型……注意：在这些类型的组合中，都有男人这个要素，这是一个男人是否是男人的标志，如果他的内在角色中这个部分比较少，说明他的心更多还停留在以前的家庭中。但必须强调，不是说我们只推荐女性找某种男人，因为作为女性也会有很多人没有发育到真正的“女人”的角色，而婚姻的丰富性远远超越我们的判断，无论哪种类型，只要“合适”就好。

另外一种对抗型男孩是比较外向型的，他可能会表现得比较叛逆，比如一个花花公子。看上去，他似乎非常自由，但其实他非常压抑，因为他无法进入到亲密关系的第二层，他只能不断地玩耍爱情的游戏，这不过是上一种疏离型男孩的另一种逃遁的方式，因为一旦进入爱情的“第二层”也就是进入到更深的关系，遭遇到冲突或者爱的“苦”和“痛”的地方的时候，他就发现自己面对的只有一个女人，那就是他的妈妈。某种程度上，他活得如此“精彩”是为了对抗他内心紧紧抱着的那个无趣味的女人，他有着自由的外表，但同时有着充满压抑和束缚的内在。

还有一种对抗型，会表现得很纠结，一方面他会和自己的父母经常冲突，但同时，他又几乎把所有的精力都用在抱怨父母如何伤害他这样的控诉之上。你可以看到不同的表现，比如他可能会娶一个“大炮”一样的女人，其功能主要是为了“炮打司令部”来的，而他来扮演一个痛苦的“好人”，一方面他会按父母的要求做一切的事情，但另一方面他会跟妻子倒苦水，妻子看不得自己的男人如此受气，就挺身而出，保家卫国。其结果是两个女人在一起缠斗，他在一边无奈地叹气。但如果你以为他会帮助妻子，这是玩笑，因为他本质还是一个孩子，他的一半留给妈妈，另一半则留给自己。他找老婆的一个动因是希望有一个人可以帮他阻隔一下妈妈的包围而已，但他绝对不会离开妈妈。如果他再自虐一些，可能会亲自上阵，会和妈妈争吵，但事后可能又会做一些弥补措施，但毫无疑问，如果你有一个内心的罗盘就会发现：他内心的指针会一直指向他妈妈的方向。

世界上小男孩的种类有千千万，我这里只是说了几种我见得比较多的。我想强调的是，所谓成熟就是我们可以用“火眼金睛”看这个世界，我们可以看到一个男人非常讨厌自己的妈妈；或者非常忽略妈妈，几乎一年都不打一个电话；也可以看到一个男人经常流连于花丛中，似乎很有自己的世界；更可以看到一个男人似乎是自得其乐，不需要任何人……但这些往往都是表象，他们真正的内在其实都是一样的—没有离开妈妈的小男孩，他们用千万种语言和行为来表达：我和妈妈在一起。对小男孩的内心来说，他内心是不会留下位置给其他人的，他内心里只有妈妈、爸爸和他自己，而任何其他人对他来说都是一种入侵者。这就是很多妻子都会感觉到的：当生了孩子以后，公婆来帮忙照顾，看着丈夫和自己的父母说着家乡话，妻子忽然发现自己根本就是一个局外人。以前她以为的家庭不过是一个幻影，在丈夫的父母面前，简直不堪一击。小男孩式的男人就像牛顿的力学原理那样，如果没有“摩擦力”，他们会一直生活在妈妈的世界里，可惜这个世界是有着摩擦力的，而摩擦力才构成了真实的世界。小男孩会困惑于两种相反的冲突力量，一部分力量让他留下，一部分力量让他离开，这就是和他在一起的伴侣困惑，有时看上去他似乎是想要反抗自己的父母，想要自由；但下一刻她又发现其实他很享受和父母的纠缠，而不愿意离开，所以当她支持他离开的时候，他想留下，还把她当成离间母子情感的罪魁祸首；当她想要离开的时候，他又似乎想要和她一起离开自己的父母。他就是这样和自己的父母玩“捉迷藏”的游戏。所谓“捉迷藏”的游戏的真谛就是失而复得，无数次失而复得的经验会促成一个人的长大，让他在日后的生活中可以面对丧失，他有足够的“失而复得”的体验让他在失去的过程中不会惊慌失措，他会比其他不够安全的人更能忍受失去，他的父母已经可以内化为他内心的安全的影像了，而如果一个人从小缺乏这些，那么他就要花时间让内心的父母重新恢复安全，然后才能出门闯荡，这就是为什么很多没有被父母好好对待的孩子长大了以后会更依恋父母，就是因为这一个关没有过，他们就很难迈出家门。

那么如果爱上了这样的男人，该怎么办？我先反问一个问题：为什么你会爱上这样的男人？我的答案是：一般来说爱情中彼此相爱的人都是半斤八两，否则也不会爱到一起去。爱小男孩式男人的女人，大多内在也是缺乏女性的角色，更多还是小女孩或者妈妈类型的角色为主。那么，首要任务不是让对方变成男人，而是你如何变成女人。

不是说小男孩和小女孩的爱或者妈妈和小男孩的爱不会持久，而是这样的爱，是有时空局限的，如果走出小男小女的幼儿园式的童话世界，如果走出育婴室的融合的世界，一旦进入到有摩擦力和冲突的世界，这样的感情就很难维系。比如当小男小女面对锅碗瓢盆的世俗生活时，当妈妈型的女人忽然发现自己也需要被照顾的时候等等。

2. 妈妈型

关于这个类型的女人，我在上文已经有所涉及。其核心的故事就在于一个小女孩，她的童年因为环境所迫过早地终结了，她不得不早熟地学习了很多照顾他人的技能。由此她可能会有两种感觉。一种是因为成为家里的顶梁柱而获得了父母的承认而感觉到自己的强大；另一种是虽然为家里做了很多事情，但却一直没有得到与之相称的认可，相反是处于一种充满了贬损的挑剔压抑的气氛之中，就好像卖火柴的小女孩一样，她没有从劳动中获得快乐。

也许她们那时就会发愿：我一定要找到一个父亲一样的男人来爱我。但最后她们却发现，真正吸引她们的是那些小男孩。这是为什么呢？因为一个人放弃她的童年，是需要付出一定代价的。这个代价就是她必须要找到一个必要的理由或者方法来放弃作为孩子如此被重视的需要：被安抚、被满足、被疼爱、被关注、被指导以及被保护等等的需要。这个方法就是她必须远离自己儿童的部分。某种程度上，她既是一个伪大人，也是一个伪小孩。所以在她长大以后，一个可以像史努比一样活着的小男生出现了，这对她来说就是一种致命的吸引力。首要问题不是如何像一个小女孩一样被满足，而是她能不能承认自己其实还有一部分是一个小孩子。

可是，当她面对一个男孩式的男人的时候，她会有一个矛盾：如果她不满足这个小男孩的愿望，她就好像拒绝了当年的自己；如果她坚持让男人来照顾自己，对她来说一样是非常巨大的挑战——她从小反复练习的童子功就是放弃自己的需要来满足别人。对于女强人式的妈妈来说，最大难题就在于承认自己的脆弱的小孩子的愿望，一旦遇到这个部分，她就立刻折返回去，用自己的强大继续盖住自己的脆弱；而对于灰姑娘式的妈妈来说，最大的难度就在于坚持自己的愿望是应该也必须得到满足的，一旦遇到自己需要坚持底线的部分，她也就折返回去，用讨好的方式继续满足对方突破自己底线的需要。

3. 男人型

这个部分是我们乐于冒险的角色，这个角色承载的是野心和梦想，是探索和创造以及坚持自己的需要的部分。当然最大的体现之一就是要过一种充满刺激的性感的生活。当我们站在这个角色中的时候，我们就在某种程度上属于了自己。所以这个角色的命题不是“牺牲”而是“双赢”，何谓双赢？男女的媾和就是一种彼此的满足，它强调的是一种共享、共鸣与创造，是一种1+1>2的效应。所以，当你在小男孩或者小女孩或者爸爸和妈妈的角色里，你的视角无非是零和的游戏，那就是我要满足我自己，或者我要满足别人，某种程度就像婴儿吸奶一样，我把奶从你的乳房里吸进了我的肚子里，你没有了，我有了。而性交则完全不同，如果没有你也没有我，这个事情就完成不了，而且当我们在一起的时候，那种感觉不是我从你这里得到什么，或者你从我这里得到什么，而是彼此的给予与彼此的获得。当然从终极意义上，我们给予的同时却在获得，但我们谈的是一种创造。这种创造的真正意义在于：我是独立自主的，同时我也可以和你融合在一起，我们的分与合都是一种美好的感觉。但在某种程度上，我们所谓的激情和难舍难分，都不完全是男人和女人角色之间的关系，而是夹杂了很多其他角色的游戏。这个世界很难存在彻底纯粹的男人和女人两个角色，但这个角色在我们生命中所占的比例，却决定了我们的情感能否走得够远。事实上，如果我们小时候能顺利地长大，拥有该拥有的爱，那么这个角色就会强大些；相反那些不能够顺利长大，在关键的时刻缺少了应该拥有的爱的人，我们在情感中可能就会推迟这个角色的出现，或者这个角色就会相对弱小一些。

4. 爸爸型

在很大程度上，这个角色和妈妈有比较多的相似之处。但需要指出的是，很多男人在情感中表现出来的，往往不是爸爸的角色，而是妈妈的角色，很多女孩说要找到一个爸爸式的人，其实想要找的是母性的爱。那么什么是爸爸的角色？爸爸的角色主要是提供保护，对抗外界的入侵，也就是说他的角色更多的是提供一种边界的功能，然后他可能提供的是一种指导和框架的能力。他不会像妈妈的角色那样充满了共情的温暖，但正因为他看到的是一个整体和方向，所以才不会和你纠缠在细节上，因为那往往是阻碍你前进的障碍。换句话说，他不会婆婆妈妈，絮絮叨叨，爸爸角色吸引的是另一个类型的女人，这些女人可能小时候生活在女人堆里，家里几乎没有爸爸的角色，可能爸爸是一个影子，或者是一个疏远的人，或者是一个软弱的人，总之家里充满了阴性的力量。可能妈妈会很理解她，或者说爸爸像一个慈爱的妈妈一样理解她，但她生命中还是缺少一个强有力的支柱，她虽然可以很有感情，但她感觉过去的生活缺少人组织，于是这样的女孩会很渴望一个真正强大的爸爸出现。如果她过去的生活中爸爸是一个粗暴的、不够理性和智慧的人，那么她长大以后可能想要体验一下那种诸葛亮式的父亲的存在。无论是力量型的爸爸，还是智慧型的爸爸，都来自一个从小缺少足够组织和界限的家庭的小女孩的需要。当然，我们甚至可以说也是一个有同样经历的小男孩的需要，因为也有这样的可能性，一个男人在一个女人的身上找到了爸爸的身影，换句话说，找到了他一直所渴望与之结合的品质。

如果一个男人在亲密关系中的角色中，父亲角色一直占主导，很可能和过去的环境有一定关系，比如在父亲缺位的家庭，他必须要挺身而出，为家庭而战。这样他和妈妈型为主的女人会面临同样的问题，那就是童年或者说少年时期被过度缩短，这种人为中断不是没有代价的，其中一个代价就是在条件允许的时候，他需要从中断的部分重新出发。出发去做什么？简而言之就是重新去做一个孩子。所以你就会看到很多所谓的“凤凰男”会在功成名就以后开始要去做一个不负责的人，会出轨，会胡来，为什么他会改变，因为当他为别人做到了一切的时候，忽然发现根本什么都没有为自己做。他们最大的遗憾就是没有做够孩子，于是他就做尽各种荒唐事，这些事情其实都是青春期的小孩子做的事情。如果一个小女孩似的女人和这样的“责任男”结婚，一开始往往会得到各方的祝福，因为看起来，他们实在是太般配了，这就是我们所说的“小鸟依人”。父亲型的男人比较难于承认自己的脆弱和幼稚，往往他们会将其归为软蛋或者是娘，于是他们往往会找一个幼稚的梦露式的小女孩式的女人。只是这段关系如果过了一段时间，比如十年后，这个男人开始发现，他有另外一种需要，那就是他发现自己原来也需要有一个可以理解他的妈妈，或者一个可以给他方向的爸爸，或者一个可以和他一起玩耍的同伴，或者一个可以让他感觉到很刺激和冒险的女人……换句话说，任何一段关系都会在某个时期过渡到一个瓶颈，这个瓶颈就是需要我们转化角色的时候，没有人可以一直在一段关系中只扮演一种角色。如果这个时候小女孩还没有意识到局势已经开始出问题了，危机就会出现了。有时，父亲型的男人也会和妈妈型的女人结合，他们的家庭生活往往会是以事务性的事情做连接，比如他们也许会有一个夫妻店，总之是事业型的家庭，他们会为一个家庭的生活（比如房、车、孩子的教育）而奋斗，一旦这些目标达成，往往他们会不知所措，因为他们最回避触碰的恰恰是情感，而对父亲型的男人和妈妈型的女人来说，触碰自己的情感是一件高度敏感的事情，这意味着多年未了的情结要解开，这就是很大的挑战。对强大的人来说，最可怕的是触碰自己的脆弱；对脆弱的人来说，最可怕的是承认自己的强大。

其实一个比较理想的男人的组合是男人+父亲，当然如果搞全套，那自然是最好：男孩+男人+父亲组合，在一个男人的青春期的时候，男孩的角色会占主导地位，渐渐，这个角色会让位于男人的角色，这个角色负责的是拓展疆域，发展自己的世界，进入一个游戏感充分刺激的冒险世界，这个角色主要用于发现和研究。而随着一个男人慢慢建立了自己的王国，渐渐男人的角色会更多让位于父亲的角色，这个角色的主要功能有两个，一个是坚持已经发现的重要的事物，比如一个男人角色为主的男人可能最大的问题是不知道什么对他来说是最重要的，所以他要不断地探索，但渐渐地当他知道了自己人生中的意义所在的时候，他就慢慢从探索者变成守护者。第二个角色是培育者，他不仅守护自己的意义，还将自己的智慧传递给下一代，用间接的方式丰富这个世界。当一个男人更老的时候，孩子的角色又渐渐成为主体，这个男人将回归到原初，但又远胜于原初，他将可以用男孩的心态看这个世界，因为他一方面是丧失，另一方面是告别，同时也是一种返璞归真。这当然是一个男人必然的经历。在经历的不同阶段，一个男人对女人的需要也是不同的。在青春期的时候，男孩需要一个陪他玩的伙伴；青年期的时候，男人需要一个可以和他一起冒险的女人；在中年期的时候，他需要一个可以和他一起分享智慧的女人；在老年期，希望一个可以和他相忘于江湖的小女孩，他们可以更自由地玩耍。我们的人生主题就是解开那些固着于某个点的角色死循环，使身心能够顺着岁月的水流进入到下一个阶段。

5. 小女孩式

这个部分也是和小男孩的部分有很多重复的地方。和小男孩不一样的是，对小女孩的梦露式的迷糊、撒娇，我们的主流文化是相对宽容和接受的，而要是一个小男孩也如此无脑便会被责备。当然我们的社会日益中性化，男花瓶们也日益被人接受。小女孩其他的部分和小男孩的内心其实没有太多的区别。但在小女孩们梦醒的时候，会立刻跳到另一端，要么从一个“很傻很天真”的状态变成“很怕很警觉”的状态，要么变成妈妈式的女人，试图用千般好、万分美来保护感情，但其实，她们的困境在于无法充满能量地做一个女人，要么她们会选择饿肚子，要么她们会选择贪吃，最终一个小女孩的死穴是她们无法自给自足。但有时她们也会过度强调独立，这种独立并非真正的独立，而是一种恐惧，恐惧自己万一付出依恋，会死无葬身之地，说到底还是越发“输不起”。男人往往用征服世界的方式回避亲密，女人往往用追逐亲密的方式回避自己的力量。范冰冰曾对我说：“人到三十岁最大的感慨就是不能再撒娇了。你没法说这个我还小，我不懂，还不会。”有时候，长大就是一种无可挽回的丧失。在小女孩看来，长大的女人就等同于悲剧，似乎一旦年纪大了，女人的生命就如花枯萎。事实上真是如此吗？这种将女人等同于低等动物的想法——以身体取代精神的想法是和这个物质主义世界的文化相符合的，但却非常违反人性。其核心还是一个小女孩的恐惧，她不知道除了天真和傻以及花瓶一样的外表以外，用什么来赢得自己的世界。温室的花朵最害怕的就是天棚的去除，如何野化训练，拥有强悍的灵魂，是不分男女的一种进化的需要。

6. 女人型

这个部分也是和男人型的男人有很多重合的部分。同样的，我们的主流文化对女人是否可以充分做女人这个部分还是充满疑虑的。女人也对此充满了疑惑：一般来说，女人的危机是发生在35岁以后，那时她开始发现自己青春不再，她开始反思自己的生活方式，那时也许她的孩子也没有那么需要她了，她忽然开始发现，自己其实没有真正享受过做女人的感觉，于是就进入到做女人还是做女孩的冲突中。

总的来说，能在20多岁的时候就可以充分做女人是一种幸福，因为她拥有了足够的爱，可以从小女孩或者妈妈的身份中走出来，追求真正属于自己的男人。任何一种形态的家庭都可以长期保持稳定，但如果要稳定和幸福兼顾，那么在亲密关系中，就需要男人和女人这两个角色提供足够的支撑力。如果一个家庭只靠小男孩或者小女孩，或者是亲子关系为主的夫妻关系，那就很难有持续的发展力。前者是有很多趣味，却缺乏能力解决实际问题；后者则没有趣味，只能执行任务。而男人和女人的角色可以解决的是两者兼顾的问题。

现在有很多所谓的“剩女”，但据我了解，在这个群体里，更多的是“小女孩”类型的，她们最大的困难是不知道如何与男人一起游戏。在当下的中国，女人有一种对自己年龄的自轻自贱，这种心态源自一种唯年龄论的褊狭的观点。这种观点证实了我先前的论证，那就是这个时代的女性文化的主旋律是小女孩文化，似乎年龄越小越有优势，事实上，它扼杀了女人这个角色的存在。

一个成人和一个小孩子对世界的看法，其根本的不同就在于：成人是可以接受

“无常”的，而小孩子则需要“有常”——永恒。这两者都符合人性，我们谁不希望情感是可以永恒的？但同时我们谁又希望情感永远都是一个味道？

在这里，我摘抄张晓风的一篇小短文：《一个女人的爱情观》。

爱一个人原来就只是在冰箱里为他留一只苹果，并且等他归来。

爱一个人就是在寒冷的夜里不断在他杯子里斟上刚沸的热水。

爱一个人就是一本正经地催他去工作，却又忍不住躲在他身后捣几次小小的蛋。

爱一个人就是在拨通电话时忽然不知道要说什么，才知道原来只是想听听他熟悉的声音，原来真正想拨通的，只是自己心底一根弦。

爱一个人就是在他迟归时想上一千种坏可能，在想象中经历万般劫难，发誓等他回来要好好罚他。一旦见面却又什么都忘了。

爱一个人就是在他的头衔、地位、学历、经历、善行、劣迹之外，看出真正的他不过是个孩子——好孩子或坏孩子——所以疼了他。

爱一个人就是喜欢听他讲儿时的故事，喜欢听他有几次大难不死，听他如何淘气惹厌，怎样善于玩弹珠或打“水漂漂”，爱一个人就是忍不住替他记住了许多往事。

爱一个人就是不免希望自己美丽，希望自己被记得，希望自己的容颜体貌在极盛时于对方如霞光过目，永不相忘，即使在繁花谢树的冬残，也有一个人沉如历史典册的瞳仁可以见证你的华彩。

爱一个人常是一串奇怪的矛盾，你会依他如父，却又怜他如子；尊他如兄，又复宠他如弟；想师事他，跟他学，又想教导他把他俘虏成自己的徒弟；亲他如友，又复气他如仇；希望成为他的女皇，他唯一的女主人，却又甘心做他的小丫鬟小女奴。

我想说的是爱，其实就是不断变换的舞曲，当舞曲改变的时候，作为舞伴你们可以自由地在不同的舞曲中转换。当你们一起跳小男孩和小女孩欢快的舞曲的时候，你要了解有时这个舞曲会把他变成小男孩，而你需要提供妈妈的关怀的舞蹈；而他也需要知道，有时他需要成为那个可以保护你的父亲；而这个舞曲又可以随时变成充满刺激和诱惑的性感之舞，甚至在一个舞曲中会有不同的混杂的旋律，最后，你们已经默契到不需要舞曲，你们可以随时即兴起舞，创造出多变的舞步。

爱，到这个份上，我们算是真正地成长，也算是真正地理解了对方，我们了解了自己的所有的需要，也了解了对方的所有的需要，我们需要时刻保持一种耐心和承诺，了解所有动作中最难的是哪里，我们一定会踩到对方脚的地方，我们一定会特别擅长某个舞曲，而对另外一些舞曲非常难以适应。可是生活的复杂让我们不得不去挑战自己，或者让生活挑战我们，我们可以不去跳这个舞，而是永远跳同一种舞蹈；但代价是我们会进入一种僵化之舞，我们好像永远都只使用一些部分的肌肉，而其他肌肉却根本没有使用。时间一长我们的那些肌肉就会疲劳、扭伤，而其他的肌肉开始萎缩。

是的，就像地球上任何一种生命一样，一切都是为了进化，适应无常，与无常共舞，你若问我有没有真正的舞王，我不知道，但我知道，无形中，有一种力量推动着我们进入这场爱之舞。

三、把握关系的四种模式

六个角色的相互搭配就产生了四种婚姻模式。

第一种模式应注意:没有“男人”的家，“女人”是看不到希望的。所以，很容易发生以激情为基础的婚外情。没有“女人”的家也是一样。

第二种模式应注意:如果家中的丈夫大多时候是一个“小男孩”，妻子就只能做“妈妈”，做得累了的时候，如果长期没有机会做小女孩或者女人，她就有可能在外面去寻找男人或者爸爸。

第三种模式应注意:没有“爸爸”的家，婚姻的主要元素——责任就可能没有了。在这个家的“小女孩”也得不到呵护，最后会跑出去找爸爸，她不为钱也不为性，只为一份爱的感觉。

第四种模式应注意:没有“妈妈”的家，婚姻中就少了爱和温暖的氛围，家中的“小男孩”就可能到处寻找妈妈。

我经常看到的两性关系是“妈妈”和“小男孩”的模式，以及“父亲”和“女儿”的模式，还有“男人”和“女人”的模式，最后是“小男孩”和“小女孩”模式。

第一种模式的优势在于家庭中很温暖和拥有爱，看起来更像一个有血缘关系的家。挑战在于有的人会在某一天受够了，或者小男孩有一天长大了，但发现家里面没有女人，于是危机就来了。

第二种模式的优势在于家庭中很温馨和拥有责任，可爱的小女孩总能够想办法让那个像爸爸一样的丈夫去疼爱她，她也会陶醉在这样的一种氛围中。挑战在于小女孩会在某一天突然长大，她会发现她的世界太单一了，她应该找一个拥有雄性动物一样激情的男人交往一下，于是危机就来了。

第三种模式的优势在于家庭中拥有激情和两人世界。爱情中的核心元素激情在这样的婚姻中比其他模式的婚姻体现得更淋漓尽致，性的和谐程度是所有模式中最高的。婚姻走了好久，他们看起来还像是刚恋爱的样子，有时候家中小孩子都会嫉妒。这种模式的挑战在于由于家中缺少更多温暖的氛围，以及婚姻中的首要元素——责任，这样的模式很容易突然倒塌。

第四种模式的优势在于家庭中拥有童话和罗曼蒂克。两个天真的小孩在一起可以创造出很多新的生活方式，这样的婚姻绝对是具有传奇色彩的。挑战在于由于缺少大人的监督，小孩子容易闹别扭，像小孩子过家家一样的吵架随时都会发生，你扇我一巴掌，我扇你一巴掌，但好得也快。如果他们能够学会在相互擦眼泪的过程中长大，婚姻之舟就会航行得更远，否则就会出现两个受伤的小孩，哭泣着一个向东一个向西的结局。

在这里，我们还需要谈一下另一个话题，即婚姻中的各种关系模式会因为婚姻的不断向前发展产生变化。两个人刚开始恋爱的时候，女孩子可能是因为另一半对她无微不至的关怀和负责任的表现，而芳心暗许。这其实就是“小女孩”和“爸爸”的爱情模式。但当两个人走到婚姻中的另一个阶段的时候，女孩子可能会因为“小女孩”的需要得到了满足，所以另外的自我开始起主导作用了，比如她的“女人”的部分就会出来主导爱情关系。这时候如果那个“爸爸”还是无微不至地照顾她，她就可能会嫌弃他不够阳刚和具有活力。也就是说，这个时候一方的角色排列发生了变化，另一个也要跟随变化，不然爱情关系就不匹配了。不匹配的爱情关系角色就会造成婚姻危机，许多婚姻就是在这样的变化中走到了尽头。这个时候用“田忌赛马”的模式来作指导，进行排兵布阵是有必要的。你出“男人”的时候，我就出“女人”，这时候就匹配了。你的“小女孩”出来的时候，我就出来一个“爸爸”。你出“小男孩”的时候，我就出“妈妈”，这样就能保证三局两胜了。两性关系尽管难以经营，也可以做到运筹帷幄。不管哪种身份，有个主线永远是不变的，即互相滋养对方的心灵，在自己心灵成长的同时，也影响和帮助对方走向心灵的独立和自由，心智走向成熟，否则即使家庭存在，却错失了两人相伴真正的最大礼物。

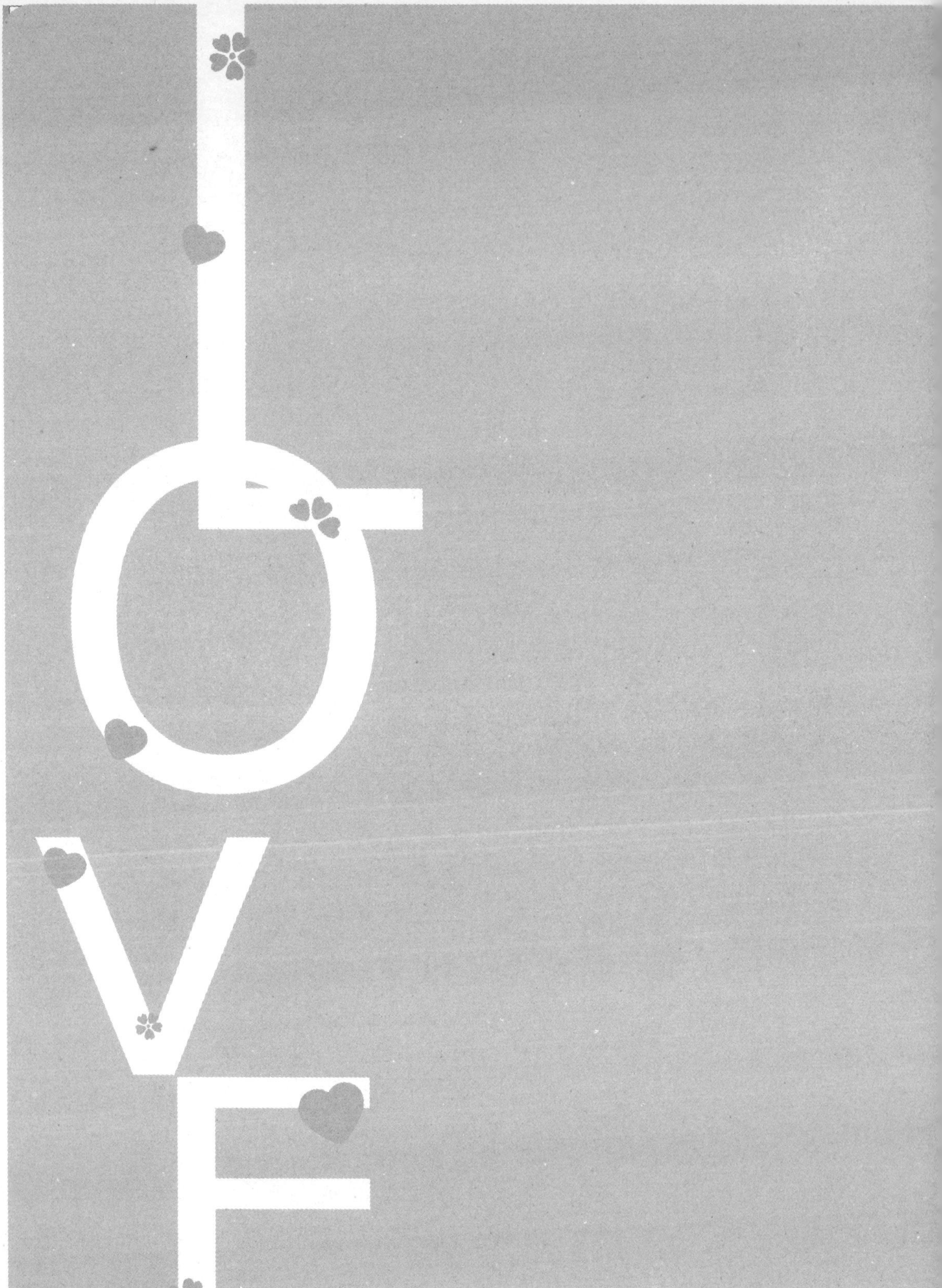
LOVE

你一定要懂的婚姻智慧

你一定要懂的婚姻智慧

第六章

一、婚姻的误区与正解

误区 A：爱应该永远不变

这个世界有没有永远不变的事物？好像没有。但为什么我们希望婚姻是永远不变的？也许因为我们试图寻找一种确定感。坚信不变，这样的人在婚姻中的心态非常像一个离不开妈妈怀抱的婴儿。在他们的世界里，别人是作为供他呼吸的空气而存在的，而不是作为一个有血有肉有情感的人存在的。而且他们把情感理解为一种“永动机”，似乎它不需要任何的维修和学习，就可以永远提供强劲动力。如此相信的人多半会受伤，因为这句话就意味着你将生活在一个婴儿的世界，你忽略了你的爱人也是有自己感受的人，而把对方当作执行命令的机器人。

爱的正解：爱的三种姿态

关于爱，我们有三种态度。

第一种态度是把爱当成空气：你是不能离开我的，爱是不能变的，改变就是死亡。这是婴儿式的爱，婴儿离开妈妈无法生存，所以这种爱是完全的索取，而没有任何付出。我们都会有这种内在的婴儿，比如一旦我们受伤的时候，就很难再看到别人的需要，而只关注自己的需要，只希望对方来安慰自己。从本质上讲，我们都是俄罗斯套娃，随着岁月的积淀，我们会一层层地有了很多防御伤害的壳子，但最终，当伤害过大的时候，我们就会还原成婴儿。婴儿的爱是“剥削式”的，“掠夺式”的，所以他们是无法给予的，因为他们无法靠自身存活。只是有些人的“套娃”少一些，所以他们的防御就少一些，就更容易在感情中暴露出“吸血鬼”的模样——没有生产力，只能靠汲取他人的能量而存在。

第二种态度是把爱当成规矩：她们觉得爱就像是考试题，如果我做够了符合某种社会道德规范所定义的贤妻良母的所有事情，那么我就应该得到爱的“奖赏”。她们对爱是没有感觉的，因为她们不会在乎对方到底有什么需要，她们只会提供社会流水线上要求的一个好妻子好母亲的服务，换句话说，她爱的不是丈夫，而是“规矩”，就好像一个孩子会把所有的标准答案背下来，填在试卷上，但却不知道意思是什么一样。她们对爱的态度是纯粹理性的，所以她们的丈夫往往会觉得自己在对方心中是没有位置的。一个已经有十多年婚龄的丈夫对妻子说：“其实我很早就想要离婚了。”妻子很震惊：“那你为什么不告诉我？”丈夫说：“我没有办法说，因为你做得太完美了。”这种完美往往会形成某种“情债”，对规矩的爱好者来说，他们的辛苦和无私其实成为了某种控制的手段，因为她们不知道除了“为人民服务”以外，还有什么可以叫作爱，或者还有什么可以留住爱。所以一旦情感出现问题，她们往往会很震惊，因为她们觉得自己劳苦功高，丈夫如此做是违反了道德；然后她们又会很镇静地做很多事情来修补感情，她们想通过对爱情法则的修正来重建婚姻。但她们最大的优点也是她们最大的短板，那就是爱往往不会按道理出牌，爱是一种需要，一种VIP的需要，全世界都认为你是好妻子都不如你丈夫认为你是好妻子管用。其实“规矩型”的人的最大的困惑就是一种空乏：他们不知道如何爱，因为除了为达标，他们不知道做什么。

第三种态度是把爱当成需要：如果我们把爱当成需要，那么就意味着爱是变量而不是常量，因为我们的需要是随时会变化的，所以爱也会随着需要曲线而上升下降。海誓山盟不是空言，需要我们用一生的努力去实践，它不是咒语，而只是一个愿望。而一旦承认了爱是会变化的，我们就会发现爱如钻石，正因为它的多面才会让我们可以在一个人身上体验到不同的滋味。

误区 B：人是无法改变的

这句话就像问种子会不会发芽，我的说法是如果有合适的条件，比如阳光、水和土壤还有种子自身的力量，种子会发芽的，同理我们也可以此形容人。说这句话的人往往处于失望之中，因为他们可能尝试了很多次改变，在无数次失败后，他们放弃了，他试图告诉自己人是无法改变的，这样的好处是可以让我们停止跟自己较劲，但也因此失去了真正帮助人的机会。

如果你在婚姻中做过很多抗争，尝试过很多方法，结果还是一筹莫展，这时有人告诉你，其实人是可以改变的。你会相信吗？心理学有一个名词叫作“习得性无助”，说的是经验对我们的影响。根据测验，跳蚤可以称得上是动物界的跳高冠军，因为它跳的高度一般可以达到身体的400倍左右。科学家把一只跳蚤放进了一个玻璃杯里，发现跳蚤立即跳了出来。再重复几遍，结果还是一样。接下来，实验者再次把这只跳蚤放进杯子里，同时在杯子上加上一个玻璃盖。第一次，跳蚤重重地撞在玻璃盖上，但是它不会停下来，因为跳蚤的生活方式就是跳。一次次地被撞，跳蚤开始变得聪明起来了，它开始根据盖子的高度来调整自己所跳的高度。在一阵子以后，人们发现跳蚤再也没有撞到这个盖子，而是在盖子下面自由地跳动。

3个小时后，科学家把这个盖子轻轻拿掉，跳蚤还在那里跳，但是跳的高度已经不再高出玻璃杯的杯口了。

比如像梅，当丈夫出轨以后，她用了所有办法挽留，一哭二闹三上吊，找第三者谈，让家人和朋友们向他发动“宣传攻势”，给他做可口的饭菜，在卧室里穿性感内衣，撒娇讨好，一起出去度假，用孩子拴老公……她也遍访有经验的闺蜜们，试图找到任何可以让丈夫回家的办法，但最后都失败了。

5年过后，你告诉她，这个世界上还有可以让她的婚姻复原的办法，你猜她会不会相信？

对于她的婚姻来说，重建信任才是关键，一个人感觉到无法相信这个世界是可以改变的时候，往往意味着他宁愿选择“心死”也不想经历“心活”的痛苦了。

爱的正解：开放才能看到真实的世界

不跟自己较劲，这是一切动物的本能。所以很多时候，“自我设限”在某种程度上看是一种自我保护的方式。但有时这种自我保护的本能也会妨碍我们，在某种程度上我们都会得到一种“静态”的安全感，但却非常有可能忽略掉可以更幸福生活的机会。

我们需要觉察，对外面的世界保持开放的态度，这样才能了解，也许我们的条件和处境都是在变化中的，原来的局限已经变成了一扇虚掩的门。我们需要突破被“撞怕”的恐惧，探索我们的潜力。

所谓“朝闻道夕死可矣”说的就是人无论何时都是可以改变自己的，所谓“退一步海阔天空”说的是，如果我们可以改变视角，也许会看到另一个世界。

而改变视角最重要的莫过于我们疗伤，有力量重新去经受各种挑战。

事实上，人的一些本性是不会变的，但可以改变的是解决问题的方式，我们是用更极端的方式展现自己的个性，还是用双赢的方式解决我们的问题，这和我们的情商有关系，而情商是可以不断发展的。

误区 C：大家都这样

这个世界大概有一些定律，比如“男人一有钱就变坏”,“男人都是下半身动物”，云云。很多人都会拿身边不幸之人的婚姻做证据，证明我们的感情根本没有任何出路可言，你要做的只是忍耐，因为“天下乌鸦一般黑”。有的人会扳着手指头告诉我，凡是他认识的朋友，婚姻都是“支离破碎”。他到我这里就是来求证是不是根本不存在所谓“好的婚姻”，也许他浪漫和被呵护的需要本就是一种可笑的幻想？

我的回答是，如果全天下人都是乞丐，你的肚子是否就不会再饿？也许大家都是饿鬼，会让你心理平衡，但肚子还是饿的，肚子的感受是不会接受你的这种全世界人都和你一起受苦的安慰的，它要的就是能果腹的东西。

对文来说，她从小听到的都是妈妈告诉她东家长西家短，但大多都没有什么好事，无非是嘲笑别人痛苦的生活，但最后都会告诉她，人生不过如此。现在文发现自己只要上网就会对qq上的那些灾难式的谣言非常感兴趣，这种恐怖的新闻对她来说格外刺激，每当她想换职业，想要离婚的时候，这些恐怖的消息都会告诉她，外面不过如此，好死不如赖活着，如果她不接受现在拥有的一切，她可能会比现在过得更惨。

她不太能相信这个世界会有真正幸福的人，如果有，她也认为对方迟早会遇到困难。其实，她就是在和自己的妈妈保持某种一致。她无法面对一个问题，那就是她是否可以比妈妈过得更幸福。她不断劝诱自己归顺只是呼吸着的生活，因为那是

TA妈妈给TA构建的世界，离开这个世界，在某种程度上就意味着真正离开妈妈。

有时，我们让自己过着憋屈的生活，在某种程度上就是保持一种和过去生活色调同调的姿态，如果我的家庭是凄惨的冷清的，我怎么能青出于蓝胜于蓝，那太不像我了，太不像我的父母了。很多时候，我们用各种方式和自己的父母建立连接，包括用痛苦和憋屈的姿态，尤其是他们和我们没有真正顺畅地建立爱的连接的时候。

这个说法的男人版是：去KTV是工作，那是应酬你懂不懂？你以为我愿意啊，没有办法，如果你不陪他们去玩小姐，我的这个单子就没有办法做下来，这个圈子的男人都是这样，为什么别人家的老婆能忍，你就不能？

当这些男人理直气壮地这么说时，给自己找了一个很好接受的理由，那就是为了生意，为了事业，他必须牺牲一部分家庭关系。因为对他来说，似乎生存是第一位的，这涉及他的自尊和对认可的强烈需要。另外，在很多男人看来，性和爱是可以分开的，为什么呢？有一个词叫作“年少轻狂”，为什么这么说呢？我先说一个例子，美国有一个统计，说的是美国的青春期的孩子，同性恋行为的比例高达30%，这不是说美国人的青少年里有30%的人是同性恋乃至双性恋，很多青春期的孩子参与同性性行为的初衷只是想探索一下自己的性取向是什么而已。

就像一个婴儿看到什么都想要品尝一下，一个人在情感世界中，也需要像婴儿一样，像青春期的孩子一样，试图用各种方式来探索自己真正想要的爱。但这种爱如果不经摸索，是很难最终确定下来的。

这不是给男人一个到处留情、拈花惹草的合理理由，一个人滥情不意味着他放纵，反而意味着他在内心是何等地压抑。就像一个终日食肉的人，甚至会以肉为苦，而一个对肉充满了欲望的人，可能是被压抑过度了。如果一个人和很多人谈了恋爱，但依然还要继续谈下去，那就说明两点：第一，他没有真正在感情中获得必要的营养。第二，他就像一个吸血鬼一样，充满了诱惑力，但却没有情感生产力，他依附于别人存在。

如果你和一个无法获取情感中的营养的男人以及无法自己造血的男人在一起，

你的风险系数是很大的。没有营养的男人的特点是和所有垃圾食品一样，那就是看上去很可口，但其实对你的身体毫无帮助。从另一个角度上看，也许他也像一面镜子，某种程度也映照出你在情感中的乏力——不知道如何深入地发展一段感情。而没有造血能力的男人会不断用各种方式暗示你需要做得更好，也就是你要不断为他付出更多，这对那些喜欢做事的女人来说很有诱惑力，因为她们似乎总是从那个男人身上看到希望，但最后却发现，那个男人除了给她们制定各种标准以外，毫无贡献。

爱的正解：大家都得感冒，不意味着我们不需要治疗

是的，情感危机是我们的社会病、时代病，但大家都得了感冒，不意味着我们不需要去治疗，大多数人都有的问题，不意味着这个问题是不可解决的或者说是不需要解决的。很多人之所以用“大家都一样”来安慰彼此，是因为我们实在不知道如何应对婚姻的困境，所以我们只好假设这个世界是没有希望的，这样我们才能停止探索。

其实我们需要的是一种VIP精神，那就是敢于发现自己在情感中的独特性，这在很多人看来是一种非常不容易的事情，因为“木秀于林风必摧之”，谁都不想做被枪打的出头鸟，而且一旦我们和别人不同，我们就会有失去行为准则的危险，对那些喜欢有一个《婚姻使用说明书》的人来说，这点格外重要。

误区D：爱是不需要说出口的，说出口的都不是爱情

“如果你爱我，你也会做一些事情来改变我们的关系；如果你没有做，说明你不

爱我，如果你不爱我，我为什么要为你做事情？”这就是一个强盗逻辑，因为这个逻辑的关键在于说话者将理解的责任都归于对方，使自己的行为都依赖于对方的举动。其实这连襁褓里的婴儿都不如，因为婴儿如果饿了或者尿了都会哭，但说这样话的人，可能退到了子宫里，只有在那里你是不需要表达就可以得到一切的。但这和子宫里的状态还是不一样，因为在子宫里，你没有如此复杂的需要，你甚至没有多少思想。所以，你要求的，其实这个世界没有人可以做到。这是一种对上帝的需要，你不用说话，对方自然猜测到你的想法，对方是需要有读心术的特异功能的。

当然我们可以理解，有这种强烈的需要对方默契的想法，是有理由的，这样的人可能从小被强烈地遗弃过，所以对他来说，需要爱人可以补偿他曾经缺失的爱。

我们为什么需要对方能够有读心术？一方面，我们非常需要这种心有灵犀，也许因为我们对彼此太陌生了。杰从小就生活在父母的强烈争吵之中，每天下午放学回家的时间是他一天中最难熬的时刻，他尽可能地延迟回家的时间，不是因为路上有什么好玩的，而是因为这样他就可以不用回到那个让人窒息的环境中去了。他在家充当的是母亲的垃圾桶的功能，每次母亲和父亲争吵后，都会委屈地向他投诉父亲，每到那时，他就觉得非常恐惧，因为他无法解决妈妈的问题，也恐惧妈妈把爸爸说得那么不堪，这等于同时让他失去了爸爸和妈妈。同时他从小就“被迫”拥有了一种倾听的能力，这种对周围世界的敏感，让他不堪重负，他发现自己总是特别在意别人的想法，因为从小到大，他的主要精力都用在如何让自己有一个可以安然睡觉的环境。如果妈妈心情好，他就可以过一个太平的晚上，否则他就要负责把妈妈安抚好。所以当他要对伴侣表达内心的感受时，他有两种障碍，一种是陌生感，他从未跟任何人说过内心的话，因为以前当他说自己的需要的时候，妈妈会比他更恐惧，在他的潜意识中，说出自己内心的感受会给别人造成巨大的冲击，他无法承受这种巨大的罪恶感；另一种感觉是对自己的愤怒，因为他以前都是他自己处理自己的事情，因为他不想成为一个像他妈妈那样失控的依赖剥削别人的人，每次当他想要向别人倾诉的时候，他都好像回到了童年的场景中，他不想成为不停倾诉的妈妈，所以他需要别人可以猜中他的心思，这是他所理解的爱的方式，如果别人没有做到，他就会愤怒，因为这在他看来就是不在乎他的证据。

另外一种可能是因为我们实在太耗竭了，比如玫瑰，最让她痛苦的就是，她好像和妈妈生活在不同的世界上，当她说自己心情不好的时候，妈妈总是试图用食物来满足她，当她困惑的时候，妈妈说你是不是需要吃药。总之，让她崩溃的是，家里人没有任何交集。她多么希望有一个人可以不用她说那么多话，就可以理解她！同时，她也害怕这种无法被理解的挫败再次发生。

第三种可能性是我们都无法清晰自己的需要，比如像玫瑰，当她和父母进行了太久的“平行线”式交谈以后，她可能也开始对自己的需要有了迷惑，她需要有一个人比她自己更明白她想要什么。

总之，我们可以有很多理由相信爱是不需要说出口的。

爱的正解：

人类之所以需要语言，是因为语言可以更清晰地表达我们内心丰富的情感。但很多时候，如果我们受了一些慢性或者急性的伤害，就可能会无力甚至抵触表达内心的需要。我们试图用更安全的方式，也就是等待一个可以深深理解我们的人出现，这也许是因为我们过度恐惧或者过度耗竭，但无论如何，比表达更重要的是我们需要将内心的这些伤口愈合，好让我们相信表达的安全，并且拥有表达的动力，任何人都可以表达，多肉麻的话都可以说出来，只要我们能确信环境的安全和面对的那个人是接纳和理解我们的。

误区 E：我没有问题，是他有问题 or 都是我的错，他没有错

是什么会让一场争吵愈演愈烈?

审判乃至批判。

一旦我们将对方按到被告席上，对方就会把你也按到被告席上，你们就进入到一场漫长的“官司”当中。此时我们甚至会忘记我们控诉对方的初衷——让对方理解自己的心情，希望对方可以满足自己的需要。我们开始卷入一场证明对方是恶人的游戏，我们开始拿出越来越多的证据，证明对方是错的，证明对方的确是不关心自己的，不在乎自己，或者没有能力照顾安慰自己的，抑或证明对方是榆木疙瘩，或者控制狂，证明对方心里只有别人而没有家人，甚至证明婚姻是错的，努力都是一场空，证明两人共同的日子只有无尽的痛苦……我不希望你赢了这场官司，因为如果你赢了，你就输惨了，证明对方是错的，其实也就否定了你的婚姻，尤其当你不断加上更多罪名，上纲上线的时候。而一旦你赢了，他“认罪伏法”了，并不能换来他诚心诚意的忏悔，一个人忏悔或者说良心发现不是因为严刑逼供，只有当一个人的脆弱接触到另一个人的脆弱的时候，良心才会浮现。而你的压迫无非是想让自己感觉到自己是强大的，让自己远离自己的脆弱，我们都是如此，当我们感觉到自己受伤的时候，我们宁肯讳疾忌医，或者认定一个替罪羊，这样就可以成为一个无辜的角色，这个角色的好处就是可以不用为出现的事情负责，我们的逻辑就是如果你犯错了就要改正，如果证明你是错的，那么当然改正的就是你，我就等着你来安慰我、抚慰我就可以了。这是一个婴儿的思路，当我的尿不湿漏的时候，当我饿的时候，当我不爽的时候，我的义务就是哭闹，让妈妈知道，然后妈妈做后面的事情。当一个人受伤很深的时候，就会退回到婴儿状态，希望对方来替自己收拾残局，尤其是当道德层面上有了评判的时候。于是我们就往往在婚姻中看到两个婴儿，都把对方当成妈妈都哭闹着需要对方来喂养自己，结果，他们哭闹无论多凶，对方都

不会先走过去喂对方。

在咨询室里，我听到最多的一句话就是："我不知道自己会到这里，这简直太荒谬了，最该来这里的是他，是他出轨了，为什么来咨询室里的是我？难道我受伤了，还要我改正错误？"

另一个极端是，会有人觉得：之所以丈夫会离开我，一定是因为我带孩子的时候，忽略了他，我没有在家里给他一个应有的地位，都是我的错，才把他推出家门。我经常听到这样的人问我："我一定还有可以做得更好的地方，如果我做得更好，让这个家对他有吸引力了，如果我能满足他的需要，是不是他就可以回来？"这个极端属于极度没有自我，因为在这个人的生活经历中，一直靠牺牲来保持好关系，他们担心一旦不委曲求全，可能会遭遇更大的挫折。但当一个人没有自我的时候，往往就会让别人成为自己的自我，其实这是最"自我"的行为。没有自我意味着没有边界，没有边界就意味着极度的入侵，极度的入侵意味着不允许另一个人有他的自我。以别人为中心活着的最大的危险在于，让自己处于极度的不安全感中，因为这个世界最难控制的就是人心，而对方则会发现自己时刻都活在另外一个人的监控中。爱就是这样一种脆弱的事物，当我们在关系中掺杂了太多的焦虑和恐惧的时候，爱就失去了自由，也就失去了活力。因为爱的本质是"自发"。当你用越来越多的行为试图控制一个人对你好的时候，你就已经失去了这个人，因为这个人如果因此对你好的话，不是因为你这个人，而是因为你的行为，或者说他只接受做这个行为的你，而不接受其他的你，这种不完整的爱，就很容易有危机发生。因为爱毕竟是和安全有关系的，如果我们不能将自己全部袒露在对方面前，这种爱更像是阴谋。

爱的正解：零和游戏还是增值的游戏？

"清官难断家务事"，难在哪里？难就难在我们的观念是"零和"的观念，那就是都试图让自己的意志来取代对方的意志，无论是我们无限地指责对方，要对方理解自己，而自己不想去理解对方的时候；还是我们无限地指责自己，要自己理解对方，却不想自己也需要对方理解的时候；我们都陷入到了这种试图将自己的意志强加给对方的游戏。我们缺少了对对方这个独立个体的足够尊重。我们都说“双赢”，这真的很难，那就是从心眼中相信这个世界还有另外一种视角可以看到我们之间的关系，我们真心相信双方都有道理也有责任，我们相信利益是共同创造出来的，可以同时满足两个人，而不是一次只满足一个人。

误区 F：他对我的态度变了，说明他的心也变了

我们经常在婚姻中听到的一句话就是：当初你如何如何对我承诺要对我如何如何好，你把我捧在手心里，你会为我彻夜等待，哪怕暴雨倾盆；你会为我半夜里想吃冰激凌而跑遍方圆十里的店子；你会因为我的到来而浑身发抖，两眼发直……现在你却对我熟视无睹，半夜里我要你到机场来接我，你却让我打车回家，我觉得你变心了，你是不是有别人了……

很多时候，女人会把男人在求爱期的照顾当成是一种永久都会存在的特质，男人会把女人在恋爱期对他的崇拜和体贴当成是一种不会改变的元素。但问题在于，这些状态首先都是有荷尔蒙的参与才会变得如此极致，但人体是无法长期经受这种高峰体验的。这就像是超市里的食物样品一样，你可以试吃，但不要指望你一分钱都不花，一切珍贵的，都需要我们付出很大的成本。

我们往往会在结婚后发现爱人有变化，有的人是急性的改变，比如忽然那个温情款款的男人变得非常“大男子汉”，非常专制和粗暴地要求你做这个做那个。或者本来很积极主动的男人，回到家以后，却像一团软泥一样，什么精神都提不起来。

这时你会蒙掉，因为你在和他谈这么多年的恋爱的过程中，他从来都没有在你

面前呈现过这些部分。

还有一种改变是慢性的改变，这些改变有些是让人能觉察到，有些改变是你都无法发现的。可能已经结婚十年了，忽然有一天丈夫对你说，我们离婚吧，其实我已经忍你够长时间了。你这才知道，其实你一直都被他蒙骗，其实他压抑了很多的不满、愤怒和委屈，其实他并不满足，但你们一直“其乐融融”，回避了早已暗涌的危机。

所以你一时都会不知“今夕何夕”。你也无法理解这一切到底是怎么发生的，为什么会是这样。一个最能马上“自圆其说”的想法就是他之所以没有以前的激情，是因为他不再爱你，而他不再爱你的原因和你没有关系，只是因为他是男人，男人的本性就是喜新厌旧，就是下半身动物，就是没有长性的物种，所以你活该倒霉。这个想法可以让我们一下找到确定感，而且也耗能最少，因为这个理由不需要我们做任何事情，我们是无辜的受害者，一切都是他的错。

然而还有一个比较花费成本的解释：也许你们一直都爱得太局限，就像一个房间再好，但没有厨房也没有卫生间，这个房间是没法让人住的。爱情管的是风花雪月那段，但婚姻连你风花雪月后的那些垃圾要送到哪里却要管……用一个常用的比喻就是“我们的爱是既需要有面子，也需要有里子的”。没有面子，爱不会发生，没有里子，爱很难持久。如果你很惊讶地发现对方对你没有那么好了，除了有些难过以外，你其实还是可以小高兴一把的，因为一个人可以把他的所有部分都展现在你面前，说明他对你的信任是百分百的，他对你是不需要掩饰的，当然这不意味着你必须要忍受，但你需要了解，爱是酸甜苦辣咸，五味杂陈的，不是只有甜一道口味。

这其实不叫改变，最多是让你对对方有一个更全面的看法。

还有一种改变，这个是比较真正意义的改变：随着我们年龄的增长，阅历的增加，我们内心的成熟度提高，各自都会慢慢产生一些新的需要，如果一方的需要不断变异，而另一方的需要还停留在原地，就会出现不和谐。如果我们将感情形容成一种双人舞的话，如果两个人用不同步的节奏跳，很难有配合可言，最后就变成了互相妨碍而无法继续下去。

爱的正解：变是不变，不变是变

这个世界上最不可抗拒的真理就是一切事物都在变，唯一不变的就是一直都在变这个事实。当我们拒绝改变的时候，要么我们试图将爱人切成两半，只要好的部分；或者我们把时间切成两部分，只要过去，不要现在。我们的局限在于，我们以为只有一切复原，我们才能找到幸福，但我们不知道我们需要顺应改变，同时也寻求实现我们的需要，这两者是可以同时做到的。

误区G：我们只要忘记，重新开始就可以了

在争吵中，男人和女人的思维很不一样，当两人谈到他的伤痛的时候，比如他出轨这件事，他会变得非常防卫，因为一提及这个地方，他就会被一种愧疚感和罪恶感所吞噬，他会变得非常难过，觉得挫败糟糕，这种感觉让他很难承受，于是他可能会变得很烦躁，会大声说："你有完没完？是不是一辈子我都要做一个罪人？如果你再提，我们就离婚！"他觉得这是一个伤口，而妻子正在残忍地揭开。他希望这个伤口可以立刻愈合，大家都为此画一个完满的句号，最好永远休要提起。

但在妻子眼里这会是一种非常无情和冷漠的态度，她会觉得自己根本没有机会完整地诉说自己的痛苦，她希望得到丈夫的安抚和理解，哄哄她，让她安心，让她觉得丈夫是愿意在她身上投入的，丈夫是在乎她的。她无法做到丈夫要求的：马上就放下伤害，重新开始。她对丈夫的信任感已经随着那个女人的出现而坍塌，现在一时半会儿是无法重新相信丈夫。对她来说，她还需要一段康复期。

我们的感情有多少这种试图一步到位解决问题的冲动？对妻子来说重建信任是多不容易，对丈夫来说面对伤口是多可怕？

我们说夫妻打架"床头打架，床尾和"。很多时候，性成了两个人和解的黏合剂，但这不能彻底解决问题。

一言以蔽之：讳疾忌医。

在有些时候，暂时忽略我们的困境，搁置争议，都是我们必要的手段，但如果我们将权宜立计当成长久之法，那下场往往不太美妙。我们都说时间是疗伤最好的方法。但我们也知道如果我们没有觉察和面对，是无法让时间修复我们的伤口的。

爱的正解：其实我们是很少有解决问题的能力的，我们能改变的，只是承受问题的能力

当然这么说有些绝对，更好的说法是，当我们有承受压力的能力的时候，我们的头脑才会被解放出来，开始从谜团中找到答案。我们为什么喜欢"穿越"？因为我们往往被逼进绝境的时候，就会期待奇迹发生，但这个世界是不存在魔法的，这是一个非常遗憾的现实。在各种神话中，我们会听说各种咒符，咒符的作用是用来封存我们无法解决的各种恶势力的，我们宁愿把头扎到沙中，也不想看到迫在眉睫的危险，不是因为我们傻，而是用这种方式，我们躲过了很多次冲突，我们不知道如何应对冲突，最常用的方式就是将冲突由急性转为慢性。但这往往只是解决问题的第一步，即使你进医院非常希望做手术，但如果你的身体太虚弱，医生会给你先制定"保守"疗法，只是一旦你的身体足够承受手术的冲击的时候，还是要做一些真正治本的工作的。持有这种"讳疾忌医"的心态的人往往会错失问题解决的最佳时机。幻想是一个很好的疗伤麻醉剂，但如果你分不出幻想与现实，那生活会用更痛的方式警醒你。

事实上如果你觉得你们现在的问题被小题大做，那么有一种可能：你现在承受力还没有恢复到足够的程度，所以你会对触及伤口有比较强的戒备心。一般来说，我们无法放一种根本不存在的痛苦在你心里，如果你没有很强的痛苦感，那只能证明这个痛苦一直被藏得很好很隐蔽而已。

误区 H：我们需要看婚姻的阳光面，不要总是看阴暗面。宽恕和温暖可以换回真心

这点与上面相似，唯一的区别在于，在这个误区中的人，会比持“鸵鸟政策”的人更“阳光”一些。他们会努力告诉自己，婚姻中有很多美好的部分，当坏事发生的时候，我们需要做的是做更多的好事情来盖住坏事情。这种想法非常好，只是它也和其他方法一样，有它的适用死角。在我们遇到非常有创伤性的事情的时候，寻找资源和积极的视角是没有问题的，因为此时最重要的不是解决问题，而是让我们葆有继续战斗下去的力量，我们需要看到希望，需要从失败感中走出来，看看我们实际上已经拥有的以获得安慰。但对那些已经有一定能力去面对婚姻消极面的人来说，这种方式往往会让他们丧失发展彼此真实关系的可能性。

吴飞的世界非常正能量。她不相信丈夫会和其他女人在一起，因为在她看来，出轨是完全不能接受的。所以当丈夫出轨，她也需要一个足够阳光的解释，好让她的世界不至于破裂。她一直努力地为丈夫找各种出轨的理由，每个理由都证明她的丈夫是多么地爱她，而出轨则只是丈夫的一时迷失，他们终究还是会在一起的。无论丈夫如何愤怒地控诉她，她都认为丈夫只是钻牛角尖而已。

她虽然跟自己说，如果丈夫胆敢再次打她，她就要提出离婚，可是丈夫从一年一打发展到了一月一打，她都还没有下定决心，因为每次丈夫打完她以后都会对她下跪求情，痛哭流涕，而且之后他们还真的会有一段和平甚至可以说是甜蜜的日子。

她一直在做选择，到底是看丈夫把她打得鼻青脸肿的日子，还是看丈夫对她忏悔而且体贴的时刻？5年过去了，她依然在挨打，因为她养成了只看好日子的习惯。

丰的生活更绝望，因为丰的丈夫只是在婚前对她体贴备至，丰为了那种大雨时丈夫把外套披在自己肩头的温暖而嫁给他。可是这瞬间的温暖再也没出现过。结婚以后，丈夫成了工作狂，对她非常冷漠。她一直苦苦等待丈夫能回心转意，可是十年过去了，丈夫已经和她分居了，她依然还在等待。为什么丰可以如此“耐心”？因为丈夫是这个世界上第一个对她这么好过的人，事实上，她之所以那么早结婚，就是因为一直渴望这种感觉。现在她因为不舍这感觉为丈夫找各种借口。当丈夫越来越过分的时候，她依然可以“忍耐”下去，直到最后离婚，她才发现这种忍耐其实是对丈夫很大的忽视。而她的丈夫也没有足够的正面行为表达自己对妻子的需要，丈夫只是感觉到家里很冷，所以才开始到工作中乃至其他女人那里寻找温暖。对丰来说，人生的一大挑战就是告别自己跟自己玩的幻想游戏。她需要直面冲突，作为成人的丰是可以学习如何面对亲密关系中的另一个人的。如今的她需要学习让别人消化她的情绪，而不是一味成为别人的垃圾处理机，这需要一个巨大的转变。

爱的正解：

当危机发生的时候，我们有两种疯狂的应对方式，一种是完全崩溃，然后动用一切过激手段，一哭二闹三上吊，以命换情，结果呢，也许人能换回来，但心已经碎了，走了，散了；第二种是完全理性，动用一切“技术手段”来挽救婚姻，比如看书，做心理咨询，或者干脆让咨询师给对方做心理咨询，帮他说服对方可以回心转意，他们把对方当作愚不可及的小孩子，正在往一条自取灭亡的道路上走，他需要做的就是让这个小孩看到未来的路有多可怕，让对方悬崖勒马。说他们“理性”是因为他们的反应似乎和上一种完全相反，如果说上一种人很少理性的反思，考虑到底是什么让自己的另一半要离开自己，那么第二种人则完全没有自己的情绪，他们的心态往往是“家长状态”的，当他们可以把对方看成“孩子”的时候，似乎就可以原谅他们的一切。如果说第一种人只看到婚姻的消极面，觉得天崩地裂，如同世界末日一样；那么第二种人会完全忽略婚姻的消极面，他们觉得一切矛盾都是可以化解的，他们会好像没有受到任何伤害一样，表现得深明大义，拥有圣人一样的胸怀。但事实上，当一个人被忽略被欺骗被背叛和被伤害的时候，如何能不痛呢？其实此时，他们不敢触碰到自己的伤口，因为其实他们也是第一种人，只是他们更善于掩饰自己，他们不知道，当他们完全封存起情感的时候，这场围绕着情感的拯救行动就告一段落了，因为情感的挫败和衰败是因为缺少情感，就好像缺水之木，必以水浇灌一样，理性是无法浇灌出情感之花的，就像过度的情感之水会浇死情感一样。

那么我们需要做什么？其实我们既需要第一种人的情感，也需要第二种人的理性，我们需要将两者结合起来，理性让我们有了方向，而情感让我们可以恢复连接，两者都是非常重要的，当然在一个人受伤的时候，我们不能指望他马上就能恢复两者，但这种情商是需要修炼的，所谓的成熟就是我们不会被情感烧坏神经，也不会被理智冰冻神经。

误区Ⅰ：女人的人生之路是越走越窄？

现在好像很多人都认同这样一种说法：在婚姻市场上，女人的价值是贬值的，如果你年过25岁，作为一个女人你的人生就开始走下坡路了，最好你是未婚，而且不要年过30，因为此后的人生你很可能会变成一个老姑娘，你将孤老一生，成为别人眼中的怪物……

的确，一旦登录婚恋网站你就会发现一个现象，男人的年龄越大越吃香，多大的都有人要，只要你有钱有事业，就会是金牌王老五，而很多男人的诉求则是女人的年龄越年轻越好。所以对此现象，很多人会感觉到前途茫茫，感觉自己活着好没意思。似乎生活就是一场接着一场的考试，小时候是各种学习的考试，生活在能不能有一个好成绩的焦虑中，然后又发现自己开始为找工作焦虑，好不容易找到了一个属于自己的位置，婚姻大事又摆在眼前，就算是结婚了，生孩子和老公乃至婆婆相处这些问题一个接一个，好像人生就是为了完成这些必须要完成的仪式而存在，自己这么做的意义在哪里呢？对女人来说，似乎人生格外残酷，因为好像男人不必为年老那么焦虑，年老对男人最大的威胁是丧失性能力，对女人最大的威胁就是失去容颜的福利。女人越漂亮，危机越大。因为对很多美女来说，她们的长相就是通行证。只是因为她们长得美，就可以获得很多机会受到很多照顾，所谓“靠山吃山，靠水吃水。”一旦山荒了，水尽了，女人忽然发现自己没有获取幸福的手段了。

还有一种悲催就是很多女人一直活在一种压抑的状态中，因为小时候的环境，父母无法承认自己女儿的女性身份。比如一个更年期的母亲看到青春期的女儿花枝招展会有一种无名的嫉妒，她不是嫉妒女儿，而是嫉妒比她年轻的女人，但这种对自己丧失青春的恐惧和伤心会转嫁到女儿身上，她们会以女儿“不正经”这样的残酷话语来镇压女儿露头的女性意识。而如果这个女儿的爸爸对女儿越来越多的性感感到恐惧的话，他会故意疏远女儿，于是女儿会在无形中感觉到自己如果做一个孩子对父女俩更安全。于是当一个女人把自己的女性部分潜伏起来，她们会在30多岁的时候忽然发现一种乏力，她们做孩子做久了，不知道之后的路该怎么走了，她们对展现自己的魅力心存恐惧，因为这在某种程度上是不被父母祝福的。如果她们追求自己的生活，似乎是一种对父母的背叛，而在情感上接受父母的意志则意味着继续放弃自己的女性身份，而完全成为一个听话的孩子、牵线的木偶。

就在这种挣扎冲突中，她们的年龄很快就变大了，当她们开始想要自己的生活的时候，却发现青春已经过了一大半了。

无论是美女还是乖小孩，她们的危机都在于情感教育的贫乏。前者是没有机会了解婚姻的意义到底是什么。或者说，到底为什么对方会想要和你结婚的最根本原因。我们都说钱不是万能的，缺少钱却是万万不能的。我们的美貌也是如此，一段情感的开始首先要两个人都觉得对方可以看得过去，当然越美越好。但这种身体的吸引只是药引子，接下来维系一生的关系的根本是什么？

爱的正解：

我们说，人的关系有“身、心、灵”三部分。

1.身的层面：主题是享受。如果只存在“身”的层面的吸引，关系是很难持久的，因为它可以轻易被更美丽更年轻的肉体取代。如果你们的关系止于此，很难相信你们的关系对一般的“感冒”有什么“免疫力”。它是一种“婴儿”之爱，而且还是一种“有奶便是娘”的爱。它不区分爱的人，只区分乳汁是否是甘甜的。

2.心的层面：主题是满足。那么我们如果能深入到“心”的层面，就需要开始对对方有很多的理解。我们能看到一个非常美好的人背后的一些阴暗的部分，我们就看到了这个人的全部，而不是像“盲人摸象”，只爱对方的一个碎片；或者“一叶障目”，以为爱上的这个人和实际上的这个人根本无法重合。我们可以一起同甘，也可以共苦，我们可以相濡以沫，可以在最困难的时候，牵手，可以在最无法理解对方的时候有一种解决问题的能力，我们能在最危急的边缘联合起来。这都来自彼此心的理解。

3.灵的层面：主题是创造。如果晋升到“灵”的层面，我们就会有某种灵魂层面的相遇，就好像两个人可以互相成就彼此，我们可以有一种相辅相成，相互激发、共鸣和相生的关系。两个人在一起不仅仅是一种享受、满足，更是一种创造。在这里，我主要想强调的是，我认为每个人进入关系是有内在需要的，我们最终是为了疗愈与成长才进入到一段亲密关系中，去经历那么多磨难和修炼，为的是我们内心的碎片可以完成拼图，可以实现内心的整合和主题的达成。而在灵的层面的相遇，则会让我们的婚姻充满了力量，当婚姻变成“夫妻双修”的项目时，它就有了一种永恒的力量。而如果你是一个在情感层面有深度资源的人，就可以在不利的环境下有足够的适应力，我们说的幸福不是外界条件合适才会幸福，我们说的幸福是来自那些可以适应外界环境变化的“进化”式的幸福。

二、练习爱的方法

1. 爱的第一个方法：打开你的耳朵

朱莉告诉我，无论丈夫做什么决定，她都誓死捍卫婚姻。张淼瘫坐在沙发上，目光呆滞地看着手机，脚有些神经质地抖着。如果你问他，他来回来去只有一句话：无论她怎么做，他都要坚持离婚。

朱莉痛哭流涕地说："哪怕你给我一个机会，我会做得更好的。"张淼望着天花板说："我已经给了你五年的机会了。这五年，我简直像活在地狱里，我受够了。"

朱莉的回应是厉声尖叫，张淼的反应是面无表情，像是进入冬眠的动物，将所有的新陈代谢都降低，如果他是猫，你也许会看到他的瞳孔极度收缩。

他们就是这样痛苦地挣扎了五年的光阴，朱莉以性命相胁，而张淼则从一开始对妻子的怜惜慢慢转为对责任的恐惧，如果他要离婚，也许会成为间接的"杀人犯"。可是当他背负妻子的生命时，也就成了她的囚徒。

而对朱莉，她由开始对丈夫的愤怒，慢慢转为对失去他的恐惧，然后在恐惧的胁迫下，她失去了作为女人、作为人的尊严，面对一次次拒绝，她一次次坚持地祈求着，她把拥有的一切都压到这个男人身上，而她全然没想到，这个世界还有其他可以追求的幸福。

两个人进行这样的交流已经五年了，就像是站在此岸与彼岸的人在彼此喊话，却无法走近，他们都坚守着自己的“车轱辘话”不肯放手。

然后他们都告诉我，他们已经尝试了所有的方法，已经尽力了。

可是我多么想告诉他们：你们根本没有做任何尝试，你们只是一次次地用同一种方式做着努力，这就像是吴刚砍树一样，每当一个人举起斧子，砍下一道裂痕，桂花树就自动愈合，两个人默契地做着这样的“互补”工作。

因为他们只相信自己的说法，只相信自己的世界是唯一正确的，他们来找我，也是想找到一个外援，找到一个裁判，证明自己的逻辑是正确的，他们都认同一个道理，如果我对了，对方也认为我是对的，我们的爱就会延续。

我多么想告诉他们：爱是有方法的。只要你肯放下你自己的“执着”。我让他们画一张自画像，有趣的是，他们的自画像都没有耳朵。

他们的婚姻，就是没有耳朵的。听不到对方在说什么，只听到自己的声音，只感觉到自己的痛，活在自己的真理里面，就不会有爱的方法。

听的繁体字是“聽”，如果我们拆字，就会形成一句话：耳中之王，在于“十目一心”。所谓“十目”说的就是我们需要多角度\多层次地听到别人说的话，而不局限于显微镜式的自我的声音；所谓一心，那就是我们是用“心耳”去听，当我们专一用心的时候，就可以穿越彼此的噪音听到对方的心跳。

也许朱莉没有听到，张淼是多么需要一个欣赏他、肯定他价值的妻子，多么需要妻子对他的努力有所关注，多么需要一个可以照顾他的女人。在他满不在乎的外表下，藏着一个充满了期待的心，他始终是期待着她的，否则也不会苦苦熬这五年。

也许张淼也没有听到，朱莉是多么需要丈夫的关注，多么需要安全感，在她近乎疯狂的行为之下，藏着一颗多么脆弱的心。

可是因为噪音太大，他们关闭了彼此的“心耳”，因为关闭了“心耳”，他们只好制造出更大的噪音，强迫对方打开耳朵，直到他们的爱被消耗殆尽。

2. 爱的第二个方法：打开你的心眼

一对爱人是否相爱，看他们是否双目交缠就对了。处于热恋期的男女，眼中都只有对方，对方的一举一动、一言一行，都会牵动自己的视线。“我的眼中只有你”。一个人，就可以覆盖整个世界。

唐与周是一对璧人，郎才女貌，衣着时尚，但结婚一年，他们已经拥有堆积如山的问题，而不得不坐在咨询室，寻求帮助了。

我发现，他们都分别对我说话，从未看过彼此一眼，而且最有趣的是，在唐哭泣的时候，周忽然拿出手机，开始玩“植物大战僵尸”。

在拿纸巾的时候，唐掏出钱包，钱包掉在地上，我看到钱包里的一张照片，有趣的是，那张照片中两人正在深情凝视。照片犹在，而人事已非，我让他们看这张恩爱的照片。

忽然之间，好像一缕阳光照进了黑暗的房间。他们忽然羞涩地看了彼此一眼。那是我们将近一个小时的咨询中，他们第一次彼此对视。之前我也曾经试图让他们看彼此一眼，但他们好像眼中有刺，目光一接触，就匆匆闪躲开了。

我问他们已经有多久没有像照片中那样凝望对方了？然后让他们讲讲这张照片的故事，唐告诉我，这是他们的婚纱照，当时只是想打听一下婚纱照片的价格，结果被忽悠得拍了一天婚纱照片。因为太匆忙了，都没有吃中午饭，两个人又累又热又饿，这张照片是摄影师说收工时，两人彼此看了一眼，被摄影师捕捉到的最开心的一刻。那时他们还没真正决定结婚。

后面的咨询，我请他们拿来他们的相册，把那些照片的故事讲给我听。当他们讲起一起拥有的快乐的日子的时候，我发现了目光的联结。

当他们的目光投向彼此的时候，他们看到的不再是那些痛苦的时刻，而是那些赋予他们力量的日子。

生物学证明，当一个人进入应激状态时，他的视野会狭窄，以帮助他迎接挑战。也许我们忽视了一个非常简单的道理，我们只看到我们想看到的东西。当我们收集痛苦的时候，我们看到的是一个地狱；当我们收集爱的时候，看到的是一个天堂。事实上，我们生活在人间。

3. 爱的第三个方法：打开你的心口

“爱你在心口难开”也许是这个世界上最著名的亲密关系方面的“谜题”。有趣的是，在婚前，或者说感情好的时候，我们会绞尽脑汁地思考如何让对方开心；在婚后或情感坏的时候，我们同样会绞尽脑汁，可是一切努力的目的都成了“击倒”对方，让对方垂头丧气。

Linda承认，在男友玩游戏或者工作的时候，她一次次骚扰乃至“无理取闹”，就是为了要让他生气。而男友虽然会在她的种种吵闹之下转而满足她的要求，但却总是偷工减料，这种不专心和敷衍，让Linda更愤怒，于是发展出新一轮针对不关注自己的男友的“闹腾战术”。

有趣的是，Linda之所以如此“咄咄逼人”是因为她非常希望自己成为一个被动的受照顾的小女孩。多么具有讽刺意义，这么一个渴望被怜香惜玉的女孩最后变成了男友眼中的“寻衅滋事者”。男友从开始的温柔相待到不耐烦，继而感觉被束缚与控制，愤怒、压抑、精疲力竭之后，干脆选择了冷漠甚至恶言恶语……

这一切的原初是什么？Linda告诉我，她希望的爱是那种不可言说的“默契”，就是她一念刚动，男友就已经心领神会。而一旦要求说出口，一切都显得那么苍白乃至没有意思了。

无形中，她将自己的嘴巴封上了，对她而言，有效的语言是心灵感应。这意味着她的爱人可能要比她还要了解自己。这大概只有外星人才能做到。

但我们每个人大概都有过被“心电感应”的经历，那是什么时候？大概发生在什么时候？

在娘胎里，或者作为婴儿时。那时，我们只消躺在摇篮里，吃喝拉撒都自动有人伺候与满足，我们刚一饿，奶头递到嘴里，我们刚一尿，尿布就换了。

可问题在于，作为一个成人，我们的需要可远远要比一个婴儿的吃喝拉撒丰富得多了。这对一个照顾你的人来说，是多么巨大的挑战。一旦情感的荷尔蒙耗尽，全心全意投入到对方的能量就会回到自身。这时Linda就会发现一个巨大的亏空，这就相当于一个婴儿被“抛弃”。于是温柔的呢喃就变成了河东的狮吼。

那些追求一言不发的默契满足的人，可能从小就在一种不接受语言表达的环境中生存，他们往往会有一种两极化的倾向，一方面强势无比，另一方面脆弱不堪。恋爱打开的是他们的另一个世界的大门，而他们所袒露出来的柔弱是婴儿式的，其需要是“前语言期”的，在表达自己的需要层面，他们或者是被禁止，或者是不知道如何表达，或者表达带着某种屈辱的印记。

一个非常成功的男人告诉我，至今他还不敢去庙会，因为关于庙会他有着非常屈辱的记忆。一次爸爸妈妈带他去庙会，却什么都没有给他买。当他一再恳求的时候，爸爸说了一句话：“你真让我们丢脸。”这句话像鞭子一样，即使多年后仍让他耿耿于怀，以致使他视表达自己的需要为畏途，或者说，也许在工作场合他可以坦然相对，但在亲密关系上，表达自己需要让他有种可鄙的卑微感。这使他的婚姻也陷入一种绝境，如果不说出自己想要的，也许妻子就会因为失望而离开他，如果他要说，就要面对被拒绝的危险。

即使如此，他依然必须鼓起勇气，咽下口水，颤抖着张开口，翻动舌头，从喉咙里发出声音，属于自己的声音。

不要告诉我你已经做了很多尝试，你一定有一个禁区，那里藏着打开大门的那把钥匙。只是有趣的是，我们从来不肯回头看一看。很多时候，我们的问题不在于寻找方法，而是为什么明明有方法，却不能用。

4. 爱的第四个方法：张开你的心手

你大概听过这样的故事：丈夫想要离婚，妻子同意了，只有一个条件，从现在到3个月后离婚的那一天，请你每天早上都抱着我出门。丈夫同意了，两个月后，他发现重新爱上了妻子。这个故事听起来似乎有些梦幻。是的，我承认，这很像《读者》体的感人但却无用的故事。

可是你怎么知道一定没有用呢？要想证明这一切是没有用的，最科学的态度就是从现在开始尝试着每天拥抱自己的爱人十分钟，看看一个月或者两个月后，发生了什么。你愿意试试吗？“你对爱人有什么需要吗？”我常常听到这样的回答：“我只要他好好爱我。”男人可能会说：“我只是想要她尊重我。”

“这就够了吗？”我问。

夫妻俩都非常坚定地点点头。

“可是我觉得不够。”我说。

他们看上去很迷茫。不知道我说的是什么。

你知道吗？

如果你也不知道我在说什么，那么也许你也是“假大空”学派的成员。在我们的文化与意识形态中，有一种说官话、讲大词的习惯，也许这在当下社会的某些时刻是必要的，但在亲密关系中，很多时候却是一种伤害。

关于爱，我们每个人都有自己的定义，虽然我们彼此都有很多重合的地方，但也有一些特异性的部分，你如何知道我说的爱是什么样的爱？你又如何认为我说的尊重呢？当他们说出彼此对对方的需要的理解的时候，你就会发现，很多时候，十年的夫妻自以为对对方了如指掌，但彼此说的却是“风马牛不相及”。

一个经常打老婆的男人每次打完老婆都痛哭流涕，无所不用其极地百般乞求妻子回家，甜言蜜语说了一箩筐，妻子于是心软了，可是下次他发起脾气，过去的誓言便完全扔到爪哇国去，下手只有更狠。

我相信这样的夫妻彼此也是有感情的，可是如果一切都建立在毫无“建设性”的誓言上，都在这些“大词”上盘旋，没有落到实处，那其实任何问题都没有解决。

一个丈夫向妻子保证，我以后再也不和“小三儿”联系了，我和她一刀两断了。妻子相信了他，可是一转眼，就发现他与情妇私会的证据。

饱受丈夫欺骗之苦的妻子沉溺在不安全感中，如果她能离自己的情绪远一些，也许就会发现，他们太把感情当儿戏了。一个可怕的事情发生了，我们起码要问三个问题：它为什么会发生？如果要解决它，有什么困难？我们怎么解决它？

当我们的信任只停留在耳朵的层面，而没有在动手的层面，那你就将你的人生建立在空中楼阁上。一切都是蓝图，只有当你开始刨土、打地基，乃至筑墙打垒的时候，才会真正地解决问题。

这个世界的真相是，大多数人都是说到做不到的。因为我们的幻想总是多少超越了现实。在解决问题的时候，我们倾向于夸张地认为自己只要想改就一定可以改掉。而问题再次重复的时候，我们又夸张地垂头丧气，觉得到了世界末日。除非我们可以真正地动手去做，而不是沉湎于自己的意淫中，才可以了解切切实实的问题该如何“动手”解决。

也许丈夫可以问妻子：“你所说的爱是什么意思？能不能举个例子。”

妻子也许会说：“我需要你给我买花。”

丈夫说：“我昨天刚刚给你买花。”

妻子说：“你没有亲自给我买花。”

丈夫看上去很崩溃。

原来，妻子享受的不是花的美丽，而是希望看到丈夫亲自跑到花店，送到她的手上。而丈夫以为给鲜花公司打个电话，让工作人员选最名贵的花卉快递到她的公司，这就是妻子想要的爱。其实妻子想要的是丈夫的“劳动”——“亲自动手”为她做事。

只有我们讨论到这个层面，我们才会知道，我们对于爱的需要是多么的精细，我们对彼此的想当然，是怎样伤害了对方。

对那个想要妻子回归的家暴丈夫，我们必须要了解，当他来了脾气的时候，夫妻俩该如何合作，将脾气降下来，让双方免遭伤害；那对被小三困扰的夫妻也必须面对一个残酷的问题：如何合作，让一个对别的女人余情未了的男人回家，需要切切实实地做什么。我们的难度在什么地方，我们可以如何解决。

这些都是要靠我们“锄禾日当午，汗滴禾下土”一样含辛茹苦地劳作，才能收获幸福的。我们的手要触及我们内心的最深层，掏出爱与对方分享；我们还要触及对方的内心最深的需要，感觉到对方的心跳，我们更要一起努力将决心化作生活的一点一滴，婚姻才可以延续，爱才可以成长。

三、充满信心地去爱

我经常被问的一句话就是“男人是不是下半身动物”，或者“婚姻就是凑合过日子吧？”我不知道如何回答，因为我知道这样的问题背后都有着雄辩的证据等着我，提问的人有一种双重的期待：既期待我可以同样雄辩地驳倒他们的坚挺的信念，同时又害怕我驳倒了他们的信念以后，他们会进入一个陌生的领域，那就意味着已经疲惫不堪的人们还要为了实现爱继续奋斗。我似乎听到他们非常矛盾的心声：多么希望你可以给我希望，可是我又多么希望你赞同我——此路不通，放弃吧。

可是我还是不得不说，也许人类的爱并不自外于这个世界的规律，正如我们人类和这个宇宙一样，它也是有着一种层层递进，或者也可以说有着不同的成长期。

有的爱就如蜉蝣，朝生暮死；有的爱则像野草，一岁一枯荣；而有的爱则可以“化蛹为蝶”，如果一切条件具备，它就会自然地朝向下一个形态进发。

在此，我强调一下，我对蜉蝣爱情也充满敬意，因为在一个丛林里，任何物种都有它的存在价值。或者说，每种生活方式或者存在的状态都有它无与伦比的美。虽然我用了“化蛹为蝶”这个词，但不意味着“青虫”就要比“蝴蝶”难看。事实上，我有时会鼓励一个人不要太急迫地走到另一个阶段，除非时机已到。

没有人可以完成不可能的任务。

尽管如此，我还是多少有些固执地相信，我们的共同点多过我们的差异性。也就是说，很大程度，我们内心深层的需要在推动着我们。借用一句广告词："生活把我们磨得很圆，只是为了让我们滚得更远。"

我在本书的结尾想破解很多人关于婚姻的一种误解："婚姻是爱情的坟墓"，或者诸如"七年之痒"之类的说法。这样的说法和将男人看成动物的说法如出一辙，就是都以为，这个世界的亲密关系只有一种，那就是你侬我侬的热恋。

"爱情主义"的横行，导致我们对情感生活的极度窄化，我们以为，这个世界的亲密关系只有一种，如果只有这一种，必然会让人们产生焦虑：这种建立在"激情万丈"上的情感体验如何燃烧一生？这是很多人困惑的问题，在很多人看来，一旦热情燃烧殆尽，剩下的也许只有灰烬。

我想说的是："不要太小看了人类情感的深度以及广度。"人类需要婚姻是有其道理的，因为热恋只是"生日蛋糕"之上那层厚厚的奶油而已，如果你是小孩子，会非常喜欢那一层，而一旦你大一些，你也许会对那些腻腻的奶油不太感兴趣，或者说你开始也享受奶油之下的蛋糕了。

好了，让我们开始吃这个"生日蛋糕"吧。

图书在版编目(CIP)数据

过日子就像玩闯关游戏 / 卢悦著. — 桂林 : 漓江出版社, 2014.7
ISBN 978-7-5407-7165-2
Ⅰ. ①过… Ⅱ. ①卢… Ⅲ. ①婚姻-通俗读物 Ⅳ. ①C913.13-49
中国版本图书馆CIP数据核字(2014)第151075号

过日子就像玩闯关游戏

作　　者：卢　悦
策划统筹：符红霞
责任编辑：王欣宇
装帧设计：黄　菲
责任监印：唐慧群

出 版 人：郑纳新
出版发行：漓江出版社
社　　址：广西桂林市南环路22号
邮　　编：541002
发行电话：0773-2583322　　010-85891026
传　　真：0773-2582200　　010-85892186
邮购热线：0773-2583322
电子信箱：ljcbs@163.com　　http://www.Lijiangbook.com
印　　制：北京盛源印刷有限公司
开　　本：965×1270　1/16　　印　　张：11.5　　字　　数：150千字
版　　次：2014年8月第1版　　印　　次：2014年8月第1次印刷
书　　号：ISBN 978-7-5407-7165-2
定　　价：30.00元